永恒轮回的现实

马尔克斯传

〔英〕史蒂芬·哈特 —— 著
王虹 —— 译
Stephen M. Hart

漓江出版社

图书在版编目(CIP)数据

永恒轮回的现实：马尔克斯传 /(英)史蒂芬·哈特 著；王虹 译. —桂林:漓江出版社，2019.8(不朽者丛书)

ISBN 978-7-5407-8682-3

Ⅰ.①永… Ⅱ.①史… ②王… Ⅲ.①加西亚·马尔克斯(García Márquez, Gabriel 1927—2014)－传记 Ⅳ.①K837.755.6

中国版本图书馆CIP数据核字(2019)第090561号

永恒轮回的现实：马尔克斯传(Yongheng Lunhui de Xianshi:Maerkesi Zhuan)

作者:(英)史蒂芬·哈特　译者:王虹

出 版 人:刘迪才

策划编辑:吴晓妮　叶　子

责任编辑:叶　子

封面设计:李　佳

内文制作:姜政宏

责任监印:陈娅妮

漓江出版社有限公司出版发行

社址:广西桂林市南环路22号　邮政编码:541002

网址:http://www.lijiangbook.com

发行电话:010-85893190　0773-2583322

传　　真:010-85890870-814　0773-2582200

邮购热线:0773-2583322

电子信箱:ljcbs@163.com

山东德州新华印务有限责任公司印刷

(山东省德州市经济开发区晶华大道2306号　电话:0534-2671218)

开本:880 mm×1 230 mm　1/32

印张:7.75　字数:150千字

版次:2019年8月第1版

印次:2019年8月第1次印刷

定价:36.00元

目 录 *Contents*

Contents

第一章

“他再也不能下棋了”[1]

1927 年 3 月 6 日上午[2]9 点钟[3],加夫列尔·埃利西奥·加西亚和路易莎·桑蒂阿加·马尔克斯·伊瓜兰的儿子加夫列尔·何塞·加西亚·马尔克斯(Gabriel José García Márquez)伴随着一场暴雨,降生在哥伦比亚的一个小镇阿拉卡塔卡。这个地名由两个美洲印第安语的单词组成:*ara*(河流)和 *cataca*(主要的)。加西亚·马尔克斯的父亲和母亲是一年前(1926 年 6 月 11 日)[4]结的婚,当时女方的父母并未同意这门婚事。新生婴儿体重九磅五盎司,出生的时候脐带绕颈,据说这就是他长大之后患幽闭恐惧症的缘由。[5]怕这孩子今后还会有更多的意外,家里人在他身上抹了朗姆酒,还用受洗水保佑他。加西亚·马尔克斯在青少年时期的昵称是小加博。小加博还是个婴儿,就被送到外祖父尼古拉斯·马尔克斯·梅西亚上校和外祖母特兰吉利娜·伊瓜兰·科特斯家里生活,而他的父母因为经济拮据,到海边小镇里奥哈查谋生去了。加夫列尔·埃利西奥和路易莎·桑蒂阿加后来又生

小加博一周岁生日照

加西亚·马尔克斯的母亲路易莎·桑蒂阿加·马尔克斯·伊瓜兰(1905—2002),摄于婚前

了十个孩子[6],不过他们让小加博留在外公家,因为他在那儿过得最开心。后来,小加博三岁半的时候,老三玛格丽塔(绰号玛戈特)也来到外公家,跟小加博一起生活。[7] 1930 年 7 月 27 日,阿拉卡塔卡的安加里塔神父在当地的教堂,为加夫列尔·加西亚·马尔克斯施洗。[8]一年前,安加里塔神父写信抗议 1928 年 12 月香蕉

大屠杀事件①期间军队在阿拉卡塔卡的所作所为，信件在议会宣读了，他也成了当地名人。[9]

外公外婆家的宅院常闹鬼，有很多故事，对童年时期的马尔克斯产生了不可忽略的影响。在普利尼奥·阿普莱约的一次访谈中，马尔克斯清楚地证实了这一点：

加博的父母加夫列尔·埃利西奥和路易莎·桑蒂阿加，1926 年 6 月 11 日婚礼当天摄于圣玛尔塔

① 详见本书第四章。译者注。

> 我心中挥之不去、栩栩如生的记忆与其说是人，不如说是我在阿拉卡塔卡与外公外婆一起生活的那间老房子。直到现在，老房子依然让我魂牵梦绕。更有甚者，我每天醒来都有一种或真或假的感觉，觉得我正在那间大大的老房子里。不是梦见我回去了，而是我就在那儿，不知多大年纪，不知什么缘由——好像我从来没有离开过。[10]

外公家的宅院将会成为马尔克斯作品中不断出现的主题。他第一次尝试写小说，作品就是《大屋》（*La casa*）。在他四十出头的时候，另一部小说《百年孤独》（1967）让他声名鹊起，《大屋》的初稿正是《百年孤独》的雏形。加博睡在大屋里一张吊床上，而跟真人一样大的家族圣像旁边则彻夜点着蜡烛。圣像让加博心生恐惧，因为他总是觉得他们在看着他。[11]更可怕的是，多年前，外婆特兰吉利娜的姐姐佩特拉·科特斯在大屋的一间卧室里过世，外婆说大屋里有姨婆的鬼魂。特兰吉利娜、弗郎西斯卡（尼古拉斯的表妹）和维内弗里达（尼古拉斯的姐姐）经常坐在秋海棠环绕的阳台上，谈论巫婆、鬼魅和“哭泣的女人”（*la llorona*）；在阳台上玩玩具汽车的加博，听着她们谈鬼说怪，于是也能在大屋里“听到”鬼魅出没。弗郎西斯卡经常对小加博说，如果他淘气，就把他带到“死人屋”去。[12]一个叫安东尼奥·莫拉的委内瑞拉人在那间屋子里上吊死了，很多年以后，还能听见他的鬼魂在屋子里咳嗽。马尔克斯记得他小时候进去过一次，去找一只兔子（也许就是那

阿拉卡塔卡外公家佣人住的地方

只他小时候画过的兔子[13]),他跑进厕所,就在那儿见到了鬼魂坐在马桶上。他知道坐在那儿的就是鬼魂,因为他看见“漂亮的黑人牙齿”[14]。时至今日,马尔克斯依然噩梦不断,而且一直开着灯睡觉;他说这些梦都能追溯到他在阿拉卡塔卡外公家度过的童年。[15]

外公家院子里有一棵高大的栗子树,这棵树在《百年孤独》里是一个重要的背景:小说中的人物何·阿·布恩迪亚就是被绑在栗子树上的。还有番石榴树:特兰吉利娜摘下番石榴制成糖果,卖给邻居;这番石榴香味儿让马尔克斯想起童年,想起加勒比地区。这也是为什么他最要好的朋友普利尼奥·阿普莱约以《番石榴飘香》(*El olor de la guayaba*)为书名,将自己采访马尔克斯的内容结集出版。1987年哥伦比亚批评家J. G. 科博·博尔达曾经去阿拉卡塔卡看过，昔日的宅院只剩下散落在地板上的一堆镀锡铁皮，中间还有一只丢弃的旧鞋子，一只旅行箱，和一把孤零零的椅子。当时，当地管理人员玛利亚·梅希亚·布罗切洛告诉他，已经有计划"很快"就把老房子变成一个博物馆，不过科博·博尔达很清楚，在加勒比地区"很快"是有弹性的，可以是一年，也可以是一个世纪。[16]而2009年2月份，我去阿拉卡塔卡看过，老房子已经按照原来的样子重建了。

马尔克斯认可的官方传记作者杰拉德·马丁生动刻画了特兰吉利娜：

> 特兰吉利娜总是穿着丧服或者"半丧服"，激动的情绪似乎一触即发。她哼着歌儿，从早到晚轻飘飘地在房子里四处走动，尽量显得从容不迫，心平气和，但是随时不忘保护孩子们，让他们远离随时随地可能遇到的危险：备受煎熬的魂灵（"赶紧吧，让孩子们睡觉去"），黑蝴蝶（"把孩子们藏起来，有人要死了"），丧礼（"把孩子们都叫起来，不然他们也要死的"）。[17]

阿拉卡塔卡的宅院里有一个庭院花园，为了孩子们的身体健康，特兰吉利娜在花园里种上玫瑰花，然后做成玫瑰水给孩子们用。[18]玛戈特记得特兰吉利娜是非常迷信的：

> 家里有个大大的花园，里面有个小喷泉，青蛙会聚

集在喷泉周围……夜里听见青蛙叫，我外婆就会说："那肯定是个巫婆；尼古拉斯在外面有女人，她把巫婆弄我这儿了。"外公听了就会到工作间去把钳子烧得通红，然后用钳子逮住可怜的青蛙，把它弄死。[19]

有意思的是，这个小故事说明，特兰吉利娜的迷信也是别有用心的，她知道丈夫在外面拈花惹草，才会这样说（后面我们还要提到这个话题）。在这个小故事里，她其实是借用迷信，间接斥责丈夫不守规矩。外公把惹祸的"巫婆"给杀了，这正好说明我们的解释相当到位：他实际上是在为自己的婚外情悔罪。这是两人之间借用迷信语言建立的责罚惯例。

根据马丁对马尔克斯外公的描述，"小加博出生时他 63 岁，像他妻子一样长着一副欧洲人的模样，中高个儿，身材粗壮，宽宽的额头，头上已经开始谢顶，蓄着浓密的小胡子，戴一副金边眼镜，当时他右眼已经因青光眼而失明。他通常穿一身洁白无瑕的热带西装，戴一顶巴拿马帽，系色彩鲜艳的吊裤带"[20]。外公特别疼爱加博，对他有求必应。加博想要什么，外公就带他到家对面的铺子里去买，简直就是"家里的小王子"[21]。

我们可以猜测，小加博最早是在这个时期，意识到外公的大家庭里有非婚生子女。加博在外公家的一些生活片段就好像一片沃土，使他后来的魔幻现实主义风格得以开花结果。比如到家对面的联合果品公司商店去摸冰的故事，还有他外公经常给他讲的千日战争①，外婆的鬼怪故事等等，这一点是毋庸置疑的；不过我要证实的是，马尔克斯上校生活中所暴露的双重人格，是加博早期和晚期小说的另一个根源。马尔克斯上校在千日战争中曾经立下战功，是阿拉卡塔卡镇长兼财政官，在阿拉卡塔卡属于上流社会，家境富裕、享有声望，但是他依然拈花惹草，生下的私生子至少九个，甚至可能有十九个（很可能是十二个）[22]。外公似是而非的双重形象将会对马尔克斯的作品产生至关重要的影响。从隐喻的意义上看，婚外家庭是合法家庭的重影，两个家庭如同镜像，都有老大和幺娃，前者解构后者的合法性。在哥伦比亚，私生子被称为"自然的孩子"（*un hijo / una hija natural*），这说明婚外家庭有其自然性，相对而言，合法家庭是文化构建，前者削弱了后者的地位。婚外家庭是神秘的，这是其重要特征之一；"自然的孩子"从定义上就脱离了现代社会身份认定的理性范畴和实际操作，他们通常没有受洗礼，有时不随父姓，俨然是大自然的产物而不是生于其父，他们处于社会边缘，甚至被人遗忘。考虑到这一点，尼古拉斯的私生子中，至少有三个至今不知姓甚名谁，也就不足为奇了。马尔克斯家里人都知道尼古拉斯确实还有三个私生子，但是，他们并不被社会承认，而是像幽灵一样在阿拉卡塔卡的这个合法婚姻家庭周围飘荡。马尔克斯告诉他的哥伦比亚传记作者达素·萨尔迪瓦，每当外公的私生子出现在阿拉卡塔卡（通

① 千日战争（1899—1902），哥伦比亚建国初期保守党与自由党之间进行的历时千余天的内战。在旷日持久的战争中，死亡人数接近10万，国民经济几近崩溃，同时导致美国插手巴拿马运河事务，造成巴拿马逐渐脱离哥伦比亚。1902年10月24日，旨在结束战争的尼尔兰迪亚和平条约签订，但是直到当年11月21日，双方在美国威斯康星战列舰上签署和平条约，战争才正式宣告结束。译者注。

常是在圣诞节期间)，特兰吉利娜总会把他们领进家门。[24]

在加西亚·马尔克斯后期的小说创作，尤其是《百年孤独》中，婚外家庭及其子女是意义重大的主题。有鉴于此，我们有必要对拉美社会非婚生现象作出评价。在殖民时期，拉丁美洲纳妾和私生子的现象比同时期的欧洲要普遍得多，[25]以至于有批评家称之为"当地特有的流行病"[26]。在殖民时期的波哥大，非婚同居(*Barraganía*)十分普遍，[27]同居关系生下的孩子，可以随父姓，可以获得合法婚生的身份，也可以继承财产。[28]尼古拉斯·马尔克斯上校和特兰吉利娜·伊瓜兰 1885 年在里奥哈查结婚，虽然我们没有当地的相关统计资料，但是可以参考 1892 年附近一个叫作巴兰基亚的城市的资料。据巴兰基亚教区档案记载，当年接受洗礼的孩子里，80.6%是"自然的孩子"，18.6%是婚生子女。[29]教区记录还显示，同年在教堂举行婚礼的新婚夫妇中，更多的是已经有一个非婚生孩子的。[30]这样看来，如果尼古拉斯·马尔克斯婚前有私生子，也应该是正常的。事实也确实如此，在娶特兰吉利娜为妻之前，他已经与阿塔格拉夏·巴尔德布兰科斯生了两个孩子。[31]根据相同资料，巴兰基亚上流社会还有一个普遍现象：婚后拥有与情人(*querida*)一起组成的"第二家庭"(*queridazgo*)。[32]

尼古拉斯·马尔克斯上校有一段时间生活在巴兰基亚。他与特兰吉利娜有三个子女(其中一个是加西亚·马尔克斯的母亲路易莎·桑蒂阿加，另外两个是胡安·德迪奥斯·马尔克斯·伊瓜兰和玛格丽塔·米尼阿塔·马尔克斯·伊瓜兰)，还有大概十二个"自然的孩子"，有些随上校的姓。[33]在我们审视尼古拉斯·马尔克斯上校家庭状况时，必须考虑到上面提到的文化语境，因为这些因素能够告诉我们当时社会在这方面的宽容程度。虽然人们普遍接受“第二家庭”的存在，但尼古拉斯·马尔克斯上校显然还是超越了社会宽松的容忍度，他在一生中不同时期，不是与一个，而是与好几个情人生儿育女。他的孩子里，有十二个私生的，三个婚生的，这四比一的比例充分说明，他与不同女人生儿育女的兴趣是非同寻常的，几乎可以说他有“成吉思汗综合征”。在作家的自传里我们可以看到，年幼的小加博在外公的婚外情中扮演过非常有意思的角色：

> 我现在知道，外公黄昏出去遛弯儿的时候，是外婆一定要他把我带上的，因为她知道外公是在找借口去看他或真或假的情人。有时候，我也许充当了他的挡箭牌，不过他带我出去的时候，去的还真是我们说好的地方。但是，我记得特别清楚，有一天晚上我牵着别人的手，路过一户不认识的人家，看见我外公一副当家做主的样子坐在客厅里。不知道为什么，我当时就被一种本能震住了，明白我必须替他守住这个秘密。[34]

20世纪二三十年代，马尔克斯家生活在阿拉卡塔卡的时候，那里真有点儿像一个开垦时期的美国西部小镇。20年代后期，美国联合果品公司关闭之后，当地人没了工作，这直接影响了一直在阿拉卡塔卡主要街道上拉客的妓女们；她们没了挑选余地，为了抢生意不惜相互之间大打出手。[35]于是阿拉卡塔卡镇长决定，逮着在街上打架的女人就罚款。结果，罚款得来的钱足够建一座公园。现在这座公园就在阿拉卡塔卡中心广场的教堂对面。[36]

除了特兰吉利娜想象出来的,后花园池塘里的“巫婆”,阿拉卡塔卡老家宅院里还有另外一个鬼魂:马尔克斯的外公 1908 年 10 月 19 日在巴兰卡斯与梅达多·帕切科·罗梅罗决斗,把对方给杀死了,[37]尼古拉斯上校后半生因此而懊恼不堪。[38]萨尔迪瓦详细记述了决斗的前因后果,[39]有些细节后来出现在《百年孤独》之中。例如,被问到他是不是杀了梅达多·帕切科·罗梅罗,尼古拉斯上校回答说:“没错,我杀了梅达多·罗梅罗;如果他起死回生,我还会再杀他一遍。”在《百年孤独》里,普鲁登希奥的鬼魂在马孔多的房子里现身时,何·阿·布恩迪亚对鬼魂说的话跟上校的话十分相似。[40]这件事让上校深受良心谴责,后来也感染了小加博。加博六七岁的时候,外公对他说:“你不知道一个死人有多么沉重!”[41]不可思议的是,多年之后的 1952 年 12 月,加西亚·马尔克斯在小镇拉巴斯喝啤酒,过来一个高大魁梧的汉子,问他跟尼古拉斯上校有没有关系。马尔克斯说,他是上校的外孙,那人答道:“这么说,是你外公杀死了我爷爷。”[42]就这样,过去的鬼魂会在最不经意的时刻来到眼前。那人的名字是利桑德罗·帕切科,他和加西亚·马尔克斯捐弃前嫌,共同为他们死去的老人家干杯。[43]

外公年轻时亲历千日战争,他的故事让年幼的加博心驰神往。加博在自传里回忆,有一回看见外公腹股沟上的子弹伤疤,让他大为惊异。[44]有一天,五岁的加博告诉外公,他在联合果品公司的商店里看见像石头一样硬的鱼,外公告诉他,这些鱼被放在冰里,是冻鱼。接着外公带外孙去联合果品商店,让人打开冷冻柜,给外孙看看冰是什么样儿的。[45]这段往事被富有诗意地放进了《百年孤独》,成为家喻户晓的故事。外公常常带着小加博在阿拉卡塔卡溜达一圈儿。马丁写道:"上校25年前参加过千日战争,他们出去溜达,最喜欢在星期四去邮局,看看有没有发放政府退役军官养老金的消息,可从来都是失望而归。这事儿给孩子留下深刻印象。"[45]这一细节最终被写入《没有人给他写信的上校》。跟外公外婆一起生活,让小加博成了一个早熟的孩子。玛戈特记得,加博不像弟弟路易斯·恩里克那样调皮捣蛋,他从来不踢足球,也不像其他男孩子喜欢瞎胡闹。[47]他母亲路易莎说过:"小加博从小就老成,他知道那么多事儿,像个小老头。是啊,我们都叫他小老头儿。"[48]加博的生活跟弟弟妹妹们有所不同,这使他显得早熟。其中决定性的因素也许是他经常可以听外公的朋友们叙述有关战争的故事:

> 小加博寸步不离外公,那些故事都让他给听去了。有一回,从西安纳加来了个客人,是一位跟外公一起参加过千日战争的老人家。加博跟往常一样全神贯注地听故事。他站在客人身边,家里人拖椅子过来给客人坐,椅子腿正好卡着小加博的鞋。他忍住脚上的不舒服,一声不吭地站在那儿,直到客人离开,因为他想:"如果我出声的话,他们就会知道我在这儿,会把我赶走。"[49]

听故事的强烈愿望能让这位未来的小说家忍着身体上的不适,只为了能够体验听故事带来的巨大享受。特别值得注意的是，马尔克斯从小就沉浸于两种故事里：外婆讲述的神奇鬼怪故事，外公和他的朋友们讲述的严肃战争故事。而马尔克斯后来的小说，则是这两种故事魔幻平衡的产物。正如萨尔迪瓦所言："他外婆讲的是死人继续在世上活着的故事，外公的故事里是实实在在死去的人。外婆的故事鬼魅出没，发生在家庭私密空间，外公的故事是史诗，是历史，属于外面的世界。"[50]

小加博儿时最生动的记忆之一，是比利时人艾米里奥先生。他是第一次世界大战之后来到阿拉卡塔卡的，拄着拐杖，腿上有枪伤。艾米里奥先生是个天才的珠宝匠，做家具也很拿手，经常在晚上跟上校下棋打牌。有一天艾米里奥先生去看了电影《西线无战事》，回家就服氰化物自杀了。[51]马尔克斯曾经说过，童年是他后来写小说最重要的资料来源；这是我们理解他创作的关键所在。在一次访谈中，他甚至夸张地说，自打外公去世之后，自己生活中就再没发生过什么重要的事（当时他才九岁）。我们当然有理由质疑他的说法，比方说，难道后来的文学阅读对马尔克斯完全没有影响吗？不过，他的说法也有一定道理，比方说，他创作中的魔幻风格，就是外婆鬼怪故事叙事风格的回音。虽然看了卡夫卡的小说之后，加西亚·马尔克斯独特的叙事风格自然会更趋成熟，愈加精彩，但是，我们会看到，现实与魔幻的融合会在他小说创作的关键时期反复出现。跟外公外婆一起，过着多少有点离群索居的生活，加博变得不太合群，性格有些内向；因为经常跟成年人聊天，加博很小就有语出惊人的意识，因此而形成了用词精确（*mot juste*）的技巧。知道艾米里奥先生自杀之后，他只说了一句话："他再也不能下棋了……"（Ya no jugará al ajedrez...）[52]根据加博在自传里的回忆，外公特别赞赏他说话的机敏风趣，这就让他更加愿意用故事、妙语连珠的评论或者巧妙的语言去引起大家的注意：

> 其实，"他再也不能下棋了"不过是一个简单的想法，但是外公跟家里人说得就好像这句话有多风趣似的。家里的女人不厌其烦地向别人重复这句话，弄得我一见客人就跑，生怕她们当我的面提起这句话，甚至让我重复说一遍。这件事让我留意到成年人的一个特点：他们在重复一个故事时，总会增加一些新细节，最后各个版本跟原来的故事都有所不同。意识到这一点，对一个作家是十分有用的。[53]

加博小时候刚开始看书觉得挺困难的，但是，语言的秘密一旦向他敞开，他就对讲故事和看书写作着迷了。[54]

加西亚·马尔克斯在自传《活着为了讲述生活》里刻画了一个想象力异常生动的小男孩。1935 年 5 月 28 日，巨大的油轮来到巴兰基亚，他记得当时油轮给他带来的震撼；记得见到飞机强行着陆时的惊异；还记得收音机出现在小镇的时候，小镇居民大惊小怪的情形。[55]有一回，无意中见到家里上茶水的印第安女佣人脱衣服，这之前他还没见过裸体女人，并十分惊奇地发现她下体长着毛。这个裸体女人的形象深深印在他的脑海，后来他用这个形象创造了《百年孤独》里的俏姑娘雷麦黛丝，一个让男人神魂颠倒，却又不食人间烟火的女人。[56]《百年孤独》第一章用很大篇幅描述了先进的科技世界如何暴风雨般席卷"欠发达世界",透过叙事者特别平静而富有文学性的叙述,我们不难看到这个想象力生动的小男孩在惊讶地睁大眼睛。马尔克斯在回忆录里着力描述了现代生活侵入巴兰基亚的情形,以小说家的独特目光着眼于其中的细节:

> 城里有了第一个广播电台;有了现代导水管,而且成了旅游点和教学点,让大家见识一下新的净水工程;还有了消防部门,一听到消防车的警笛和摇铃,大人小孩都顿时像过节似的欢天喜地。几乎就在同时,第一批敞篷汽车到来,在大街上以疯狂的速度你追我赶,在新铺的高速公路上撞成碎片。当地殡仪馆从死亡的幽默中得到灵感,在出城的路口立了一个醒目的牌子,上面写着:"别着急,我们在恭候。"[57]

这段文字所体现的新旧世界之间的严重脱节,也是《百年孤独》所体现的最本质的深刻见解。

马尔克斯最深刻的童年记忆,很多都与外公有关。比如,他对西蒙·玻利瓦尔的强烈兴趣就是从外公那儿来的。在回忆录里,他提到外公在墙上挂起玻利瓦尔肖像那天,当时还念了一首诗:

> 然后,他用跟往常不一样的、发颤的声音把挂在肖像旁边的一首长诗念给我听,我只记得最后两行,而且

终生不忘："圣玛尔塔，你是仁慈的，你赠予他一片海滩，让他在你的怀抱里死去。"从那以后，而且在很长时间，我一直以为玻利瓦尔是死在海滩上的。这是我外公教给我的，并且让我永远不要忘记，玻利瓦尔是世界历史上最伟大的人。[58]

玛戈特还记得出事儿那天，鹦鹉飞出了笼子，落在花园大树旁边高高的蓄水罐上。外公当时已经七十二岁高龄，他登梯子去抓鹦鹉，脚下一滑，仰面摔倒在地上，伤着了内脏。后来马尔克斯写《霍乱时期的爱情》，胡维纳尔·乌尔维诺之死的灵感就来自外公这次意外事故。[59]三年后，尼古拉斯·马尔克斯上校于 1937 年 3 月 4 日逝世，当时离加博十岁生日还差两天。外公死后，加博和玛戈特回到父母在苏克雷的家，两个孩子都觉得很难适应新的生活。在外公家，他们似乎想吃什么都有，但是在父母家，他们午饭和晚饭只能吃一顿，不能都吃。[60]重新回到在阿拉卡塔卡的宅院，目睹外公的白西装、巴拿马帽和其他属于他的东西一起被烧掉的时候，加博意识到魔幻般的童年一去不复返了；小加博觉得，他们把他在世界上值得珍惜的东西全部都给烧掉了。[61]

在阿拉卡塔卡的日子像天堂一样，而苏克雷的生活完全是另一回事儿。已经十岁的加博要去巴兰基亚教会办的圣何塞学校上学[62]，更重要的是，他还要适应新的身份：从小只知道外公外婆，不知道父母是什么样的他，现在要适应做儿子的角色。跟母亲路易莎·桑蒂阿加相处是容易的，马尔克斯一直跟母亲十分亲近。他曾对普利尼奥·阿普莱约说："我和母亲之间可能是最亲密的关系了。我觉得我们之间无话不说,没有秘密可言。”[63]无独有偶,他自传里的第一个重要事件就是与母亲见面,然后一起去处理一件家事。[64]母子亲密无间的关系使路易莎直到2002年去世之前,一直是儿子小说的敏锐读者。马尔克斯如是说:“她读我的小说,能够本能地去除杂质,看到精髓,知道我塑造人物的核心所在。有时候,你能听到她一边读,一边说:‘唉,我可怜的朋友(*compadre*),他真让人给弄成个娘儿们了。’”[65]马尔克斯的父亲加夫列尔·埃利西奥曾经是阿拉卡塔卡的报务员,马尔克斯跟他的关系却有点麻烦。萨尔迪瓦认为,加夫列尔·埃利西奥觉得他的大儿子不但是外公宠坏了的外孙,而且还是个“谎话精”(*mentiroso*)。[66]按照玛戈特的说法:“小加博很怕爸爸。其实爸爸对于我和小加博就是个陌生人,他离我们很遥远,我们觉得他更像是叔叔。我知道他是爱我们的,但我就是感觉不到他是我爸,这让我非常难受。”[67]马尔克斯的另一个妹妹阿依达有类似的看法:“加博回来跟我们一起生活,发现爸爸不如外公慈祥,不像外公那样无拘无束(*consentidor*),他就开始想念外公家的氛围了。爸爸会给他定下规矩,而外公对他只有疼爱。”[68]马尔克斯在一次访谈中说道:“不久之前,父亲告诉一个朋友,说我以为自己是不用公鸡帮忙就来到世上的小鸡。他一向很幽默,这么说没什么恶意,只是有点埋怨我,因为我跟女孩儿谈情说爱总是告诉我妈,很少告诉他。”[69]

然而,加西亚·马尔克斯的父亲与外祖父之间有些共同之处,这一点可能没有引起足够的重视。其中之一就是喜欢在婚外生儿育女。[70] 1926年加夫列尔·埃利西奥和路易莎·桑蒂阿加在圣玛尔塔结婚的时候,他似乎是步马尔克斯上校的后尘,已经有

加博与弟妹们，从左至右：阿依达、路易斯·恩里克、加博、表弟爱德华多·加西亚·卡瓦列罗、玛戈特、小莉西亚；1939年加西亚·马尔克斯的父亲加夫列尔·埃利西奥拍摄于阿拉卡塔卡

两个非婚生的孩子了。当然，这在当时也不是什么非同寻常的事情。虽然我们只有巴兰基亚，而没有圣玛尔塔的相关统计资料，那里的情形也应该大同小异。同年（1926年），巴兰基亚教区施洗礼记录显示，来受洗礼的合法婚生孩子比私生子稍微多一点，显然，天主教会在20世纪前二三十年大力推行合法婚姻的努力，降低了私生子的比例。[71]马尔克斯在回忆录里也证实了“自然的孩子”非常普遍，他提到“返祖的偏见”，说这种偏见“把我们变成一大群未婚男女，男人到处撒野，弄出数不清的非婚生孩子”[72]。马尔克斯获得诺贝尔文学奖之后，回到阿拉卡塔卡探望小学老师罗

莎·埃莱娜·弗格森(她有英国血统),罗莎对他说:“加博,我差点儿就成了你的母亲。”马尔克斯答道:“是啊,我外婆没空的时候,你还经常带我去上学呢。”“不是这个意思,”罗莎说,“我有一阵子是你父亲的女朋友。”[73]在马尔克斯的父母家,也有性丑闻。据马丁说,“在离城里不远的一个村落,有个女人请律师,控告加夫列尔·埃利西奥给她上麻药之后强奸她。虽然加夫列尔·埃利西奥否认了强奸这个严重的罪名,但他承认自己跟那女人生了个孩子。”[74]这可不是孤立事件,后来另一个女人出来说,类似的事情也发生在她身上。路易莎·桑蒂阿加气愤地跟丈夫摊牌,之后,决定把私生子领进家门。据加博弟弟海梅回忆,路易莎把丈夫的私生子带回家,视同己出。[75]加博听母亲说过:“我不愿意看到家族的血脉满世界晃荡。”[76]

《百年孤独》里马孔多的神奇世界,很大程度上来自马尔克斯从母亲和外婆嘴里听到的形象生动的比喻和叙述,路易莎上面的说法,就是一个明证。《百年孤独》非常有名的一幕是,布恩迪亚家族的血在马孔多大街上朝着家门蜿蜒流淌。虽然加夫列尔·埃利西奥确实有“第二家庭”,先后生了四个私生子(阿维拉多·加西亚·乌胡埃塔、卡门·罗莎·加西亚·埃莫西罗、赫尔梅恩[艾米]·加西亚·门多萨和安东尼奥[托诺]·加西亚·纳瓦罗),但是他更加眷顾他的合法家庭,跟路易莎·桑蒂阿加生了十一个孩子(加夫列尔·何塞[加博]、路易斯·恩里克、玛格丽塔[玛戈特]、阿依达、莉西亚、古斯塔沃、丽塔·德尔·卡门、海梅、埃尔南多[南齐]、阿尔弗雷多·里卡多[库基]、埃利西奥·加夫列尔[伊尤])。在这方面,他跟尼古拉斯·马尔克斯上校有所不同，后者有十二至十九个私生子，只有三个婚生子女。

虽然马尔克斯显然在血液中就有寻花问柳的倾向，但是他没有步其父亲的后尘。加夫列尔·埃利西奥在邮局做报务员的时候，办公室里有一张"单身汉睡的小床，弹簧涂上油，随时准备夜里值班时有艳遇。他这种鬼鬼祟祟的猎奇方式，一度也让我受到诱惑，但是生活告诉我，这其实是最没意思的孤独"[77]。不过，就像他弟弟在与西尔维亚·加尔维斯的一次访谈中所说，马尔克斯在青少年时期，也绝对不是纯洁的天使，他弟弟的话一针见血，访谈的标题就是"我非魔鬼，加博亦不是圣人"[78]。在苏克雷，学校放假的时候，马尔克斯会替父亲跑跑腿儿，或者把别人欠父亲药房的钱要回来。十二岁那年，就是在讨债的路上，马尔克斯遇见一个妓女，失去了童贞。当时，他去一间叫"时光"的妓院收债，后来发生的事情在他的自传里有充满文学色彩的描述：

> 我走近临街一间半掩着门的房间，看见妓院里的一个女人，光着脚，穿一条大腿都没遮住的衬裙，躺在充气床垫上打盹儿。我还没来得及开口，那女的就从床垫上坐起来，睡意蒙眬地看着我，问我想要什么。我告诉她，我替父亲带个口信给那儿的主人埃利西奥·莫里那先生。可是，她没给我指路，却让我进屋把门拴上，然后，意味深长地勾勾食指示意我：
>
> "上这儿来。"
>
> 我走过去，靠近她，觉得她深沉的呼吸充斥着整个房间，就像泛滥的河水，直到她用右手抓住我的手臂，左

手从我裤子拉链口探进去，我感觉到一阵微妙的震颤。

“这么说，你就是那个有小药丸的医生的儿子啰，”她一边说，一边在我裤裆里抚摸着我，五个灵巧的手指头感觉就像十个似的。接着，她脱下我的裤子，一边在我耳边说着甜蜜的悄悄话，一边把套头衬裙脱下，只穿着红花内裤，仰面躺在床上。“内裤是留给你脱的，”她告诉我，“这是你做男人的义务。”

我扯开拉链，但是手忙脚乱的，没法儿把她的内裤脱下来，她像游泳似的使劲儿蹬腿配合我，这才脱下来。然后，她双手叉着我腋下，把我提起来，放在她身上，取了一个标准的“传教士式做爱姿势”。剩下就全是她一个人的戏了，直到我骑在她身上，独自体验了那销魂一刻，只觉得她小牝马似的大腿间像洋葱汤一样黏糊糊的。[79]

他的童年就此结束。

加西亚·马尔克斯的初恋发生在1942年的巴兰基亚，与一位名叫马丁娜·丰塞卡的女人。据马尔克斯的描写，她是“从黑白混血儿模子里出来的白种人，聪明自立”[80]。有一次圣灰星期三做完弥撒，她请他上她家去。她丈夫在船上工作，在马格达莱纳河上讨生，每次出航离家十二天。尽管做弥撒时额头上画下的十字痕迹还在，他们依然在一起翻云覆雨。马尔克斯回忆道：“那个人的妻子偶然在一个星期六，请我去她家喝热巧克力或者吃炸麻花，这有什么奇怪吗？奇怪的是，那一年每逢周六，要是她丈夫上船去了,我就会受到邀请,而且总是从四点到七点。”[81]

1940年,加西亚·马尔克斯获得锡帕基拉国立中学奖学金,这是一所离波哥大不远的住宿学校。得到这份奖学金,纯粹是意外的幸运。去波哥大的旅途中,他与一个萍水相逢的人交上朋友,而这个人正好是教育部国家奖学金办主任阿道夫·戈麦斯·塔马拉。这段友情让马尔克斯受益匪浅,因为正是戈麦斯帮他获得了奖学金。[82]在住宿学校,马尔克斯对女性的兴趣更加浓厚了。他承认跟女人在一起会比跟男人在一起感觉更加舒服一点:“我相信我跟女人之间有秘密的沟通纽带,这也许是因为我(小时候)跟家里的女佣人关系特别好,这种沟通能力让我这辈子一直觉得,跟女人在一起比跟男人在一起更加舒服,更加有自信。可能这也是我为什么坚信,女人让这个世界得以维持下去,而我们男人在历史上就是野蛮的,唯恐天下不乱。”[83]马尔克斯很快发现,自己很容易得到女人的欢心;更有甚者,他年轻时经常会因为谈情说爱而惹麻烦。在锡帕基拉上学期间,他跟一个女人有染。说起这个女人,加西亚·马尔克斯用的是假名妮格罗曼塔(Nigromanta)或者妮克罗曼瑟(Necromancer):“过圣诞节的时候,她就应该有二十岁了,暗褐色的肤色,侧面看上去像埃塞俄比亚人。跟她上床无比愉悦,她高潮来临时摇晃不止,一副痛不欲生的样子。她对爱的本能就像滔滔江河,跟一般人完全不一样。”[84]这女人的丈夫是个警察,身体像个巨人,声音却像个小姑娘。他们住在坟场对面,邻居经常抱怨她做爱的时候动静太大,说她能把死人吵醒。[85]马尔克斯会在她丈夫上班的时候去找她。有一回,他不得不在清晨四点钟匆匆离去,因为他们算错了男人回家的时间。他走得正是时候，在街上遇见了那位警察先生。警察朝他要了根烟，说："呸，小加博，你一定是刚从'时光'出来[时光是当地的妓院]，瞧你那一身妓女味儿，发骚的山羊都会往你身上扑。"[86]那之后的星期三，马尔克斯和妮格罗曼塔在床上，她丈夫回家逮个正着。他被迫跟警察玩俄罗斯赌命游戏，在左轮枪里装上一颗子弹，旋转枪膛之后，对准自己的头部扣扳机。警察先动手，他举起枪对着自己的头部，一扣扳机，正好是个空弹膛；然后，轮到马尔克斯了，警察把枪递给他，可是他不敢开枪。他还以为警察会杀了他，不过这次他比较幸运，受了窝囊气的丈夫最终放过了他，因为马尔克斯的父亲几年前曾经给他治好了特别难治的淋病。[87]

虽然艳遇越来越多，马尔克斯还是深深地爱上了年轻的姑娘梅塞德斯·巴尔查。她是一个埃及移民的孙女，而马尔克斯最终会娶她为妻。[88]马尔克斯告诉普利尼奥·阿普莱约：

> 我跟梅塞德斯相识在苏克雷，那是离加勒比海岸不远的一个小镇，我们两家人在那儿住过几年，学校放假，我和她都在那里度假。她父亲跟我爸从小就是朋友。有一天，在学生舞会上，我向她求婚，当时她才十三岁。现在回头看，我觉得当时向她求婚，只是交女朋友的措辞，那时候跟女孩子交朋友太多麻烦琐碎的事儿了，我想直截了当，绕过这些麻烦。她也应该明白是这么回事儿，因为后来我们很少见面，即使见到了，也是很随便的关系。不过，我觉得我们俩都相信，交友所用的措辞早晚会变成事实。虚假的求婚在十来年之后真的变成现

实，而且我们从来也没有订婚。我们两个人只是在等待，不慌不忙，泰然自若地等着最终会发生的事儿。[89]

1944年12月31日，加西亚·马尔克斯用哈维尔·加尔塞斯的笔名在《时报》(*El Tiempo*)上发表了一首诗，题名《歌》，是年作者十七岁。诗的最后一节是这样的："雨幕中，我思念／你温柔的目光。／鲜果一样的姑娘，／节日一般快乐，／今天你的名字是晨光／闪耀在我的诗中。"[90]这是一个少年思念着梅塞德斯写下的相思曲，纯粹法国象征主义诗人魏尔伦的风格。一方面是必须等待的纯洁爱情(哪怕不说别的，就因为梅塞德斯·巴尔查当时尚且年幼)，另一方面是与像妮格罗曼塔那样的女人放荡不羁的往来，我们可以认为马尔克斯的青少年时期其实就是在这两者之间纠结着。他跟女性之间的故事还告诉我们，他有超凡的能力，能够灵活地把自己的生活经历移植到作品里，让人觉得作品所写的就是作者的亲身经历，而且，我们很快就会看到，他能够在作品里把多层次的生活经历融合起来。例如，《霍乱时期的爱情》里的弗洛伦蒂诺身上，固然有青少年时期马尔克斯的影子，但是更巧妙的是作者如何将现实变成艺术，或者说，在某种意义上，如何以自己的生活为素材，编织出人生多彩的画面，充满欲望，充满令人啼笑皆非的结局。

第二章

"一分灵感,九分汗水"[1]

1947 年 2 月,加西亚·马尔克斯在哥伦比亚国立大学注册,修法律课程。在首都波哥大读书期间,发生了一件彻底改变马尔克斯人生的大事件:1948 年 4 月 9 日下午 1 点 10 分,在靠近希门尼斯·奎萨达和第十四街之间的第七大道 14—55 号,自由党总统候选人豪尔赫·埃列塞尔·盖坦被枪杀,[2]事件发生的时候,马尔克斯正和弟弟路易斯·恩里克以及另外几个朋友在他们租住的宿舍里吃午饭。宿舍在弗洛里安大街,离枪杀现场只有几条街。[3]他们冲出去,看出了什么事儿。此刻,蓄意破坏、纵火抢劫即将发生。盖坦遇害所引发的城市动乱是如此剧烈,以至于西班牙语因此而出现了一个新词"*bogotazo*"(波哥大动乱)。[4]路易斯·比利亚尔·博尔达记得,那天晚些时候,在离盖坦被枪杀不远的地方,见到看上去心烦意乱的加西亚·马尔克斯,他对博尔达说:"他们把我的宿舍烧了,我的故事全丢了。"[5]尽管马尔克斯在自传里对这件事的叙述没这么露骨,但是毋庸置疑,他固然关心盖坦被害，但是也同样关心自己当作家，以及当新闻记者的前程，会不会因此而受到影响。虽然那天马尔克斯和菲德尔·卡斯特罗没有碰面，但是他们都在波哥大，而且在同一时间里，很可能相隔不到两条街。卡斯特罗4月7日与盖坦见过面，两人约好4月9日下午两点再次会面，但是这第二次会面注定永远不会发生了。波哥大动乱在马尔克斯灵魂深处种下火种，在后来的岁月里，激起他在政治上的迫切感。当然，后来马尔克斯会站在古巴革命一边，即使他的朋友包括巴尔加斯·略萨都背弃了革命，他依然无怨无悔，一直是菲德尔·卡斯特罗的忠诚朋友。最关键的是，波哥大动乱让马尔克斯直观正义如何赤裸裸地遭到践踏，并且亲眼见证了群众(pueblo)被激怒时所爆发的、势不可挡的怒火。

亲历波哥大政治暴行对加西亚·马尔克斯的影响不可低估，同样重要的是，这些事件透过作家生动的想象力如何发生变幻。我们在他的自传里看到：

> 几伙擦鞋工试图用他们的木箱子把格林纳达药店的铁门砸开，几个值班警察把刺客锁在里面，不让愤怒的暴民伤害他。一个高个子男子在一边给擦鞋工鼓劲儿，他镇定自若，穿一身整洁的灰西装，好像准备参加婚礼似的。那男子的吆喝声煽风点火，恰到好处，药店老板听得害怕，怕他们把店子给烧了，于是把铁门打开了。刺客见疯狂的人群朝他涌过来，吓坏了。
>
> “长官，”他拽着一个警察，用几乎听不见的声音恳求着，“别让他们杀我。”

我永远不能忘记这个刺客。他一头乱发，两天没刮的胡子，脸色像死人一样灰白，眼睛因恐惧而鼓出来，身上破旧的棕色竖条西装，领子已经被第一批暴民扯破。这个永远留在记忆里的影像，在我眼前一晃而过，因为擦鞋工们挥着木箱子把他从警察身边拽开，接着就把他踢死了，我还记得他第一次倒下的时候，掉了一只鞋。

"去总统官邸！"穿灰西装的男子喊起来，"去总统官邸！"从来没有人认出这男子到底是谁。[6]

关于"波哥大动乱"有很多报道，但是除了加西亚·马尔克斯的记载，其他报道都没有提到这个穿灰西装的男子，而且，用马尔克斯的话说，"没有人认出他是谁"。考虑到这一点，他的叙述极有可能是一例"错误记忆"；枪杀事件之后不久，马尔克斯听到来自各方的生动描述，这些叙述在他的脑子里，就像在熔炉里冶炼过一样，融汇成"错误记忆"。[7]其实，根据其他一些人的记述，加西亚·马尔克斯既没有目睹枪杀埃列塞尔·盖坦，也没有亲眼看到刺客被杀，[8]这更加让我们相信，他的描述可能是错误记忆的结果。在同一记载里面，马尔克斯后来说："我在案发现场又停留了十分钟，听目击者讲述自己看到的情形，想不到各种说法无论在形式上，还是在内容上，都在飞快变化，最终与现实完全不沾边儿了。"[9]他用以结束这段记载的一段话很能说明问题：

五十年之后，我的记忆依然集中在那个男子身上，他在药店外面，似乎在鼓动群众。我后来看过无数相关

> 的现场报道，至今没有发现其他人提起过这个男子。我记得当时离他很近，看见他昂贵的西装，石膏一样雪白的肤色，还有一丝不苟的举止。他的与众不同吸引了我，我一直盯着他看，刺客的尸体刚被拉走，就开过来一辆簇新的车，把这男子载走了，从此他似乎从历史记忆中被抹去。其实他也从我的记忆中消失了，直到好多年之后，我当记者的时候，突然想起来，这个男子应该是设法把假刺客给杀了，不让人知道真刺客是谁。[10]

这个男子的存在可信吗？“昂贵的西装”和“石膏一样雪白的肤色”，这样的描写貌似逼真，却有些让人心生疑惑。尤其是，根据大多数人的记载，当时埃列塞尔·盖坦尸体周围极度混乱，而那个男子居然能有“一丝不苟的举止”，而且竟然还被一辆“簇新的车”秘密载走了，这就让人觉得难以置信了。马尔克斯认为这个人从此“从历史记忆中被抹去”，但是，与其这样解读，我们是否更有理由认为，他是被哥伦比亚作家生动的想象力添加到历史记忆中的呢？

将马尔克斯的记载与当时的新闻报道相对照，会对我们有所启发。例如，《时报》1948 年 4 月 12 日头版，全面报道枪杀盖坦事件。1948 年 4 月 9 日星期五，下午 1 点 10 分左右，盖坦离开他在阿古斯丁·涅托大厦的办公室，同行的还有几位同事，包括豪尔赫·帕迪利亚、比利尼欧·门多萨·内拉、亚历杭德罗·巴列霍和弗朗西斯科·盖坦·帕尔多。正走着，来了一个穿灰色西装的小个子男人，之前谁也没有留意他，直到他靠近盖坦，突然拔出枪,朝盖坦开了四枪。当时正好在附近的警察西罗·埃弗拉因·席尔班逮捕了刺客,当越来越多人聚集起来的时候,他和另外一个警察试图保护刺客不受伤害,不过暴民最终还是从警察手里把刺客给抢走,殴打致死。[11]跟加西亚·马尔克斯的记载不同的是,这个版本里没有提到那个在一旁指挥行动的男子。海梅·基哈诺·卡瓦列罗亲眼看到了整个事件,根据他的记述,确实有人喊,"去总统官邸"(A palacio),但不同的是,马尔克斯说是那个在一旁指挥行动的男子喊的,卡瓦列罗却记得这是人群里发出的各种喊声之一,包括"杀掉刺客!"(Muera el asesino!),"去总统官邸,去总统官邸,跟他们要个说法!"(A palacio! A palacio! A que expliquen!)[12]

上面所说的,并不是否认加西亚·马尔克斯描述的准确性,但是现存记载没有一个与其一致,这还是让人觉得奇怪。马尔克斯的描述应该是错误记忆,但同时也捕捉了枪杀事件最蹊跷的地方。时至今日,刺客胡安·罗阿·谢拉的动机一直没有令人满意的解释,他似乎没有跟任何政治派别有瓜葛,让人们可以解释他为什么采取如此过激的行动。尽管他人记述显示,那个神秘男子是我们这位哥伦比亚作家想象出来的,他给刺杀事件添上了神秘色彩,从而表达了整件事让人费解的感觉。马尔克斯自传中最引人注目的细节,正是他的记忆在对枪杀事件的描述中所起的作用。正如他自己所说,多年以后,他才想起来那个男子"应该是设法把假刺客给杀了,不让人知道真刺客是谁"。有一种可能性是,1962 年约翰·肯尼迪遇刺事件之后,民间关于此事的阴谋论数不胜数,马尔克斯看到相关报道之后,唤醒了对盖坦遇刺事件的记忆,然后将各种不同的"真实"事件混为一体,重新再现了盖坦遇害的场景。这种跨越时间产生的、十分逼真却没有事实依据的错误记忆,正是马尔克斯小说创作令人着迷的所在。马尔克斯着力在想象中对事件加以重新创作,可见波哥大动乱对作者在情感上的震撼程度,他不断塑造当时的情景,添加与个人相关的细节,使自己的记述有内在的分量。然而,无论我们如何解读这个事件,有一点是清楚的:这事儿让加博很受不了。

1948年初,加西亚·马尔克斯和弟弟路易斯·恩里克逃离波哥大的暴力冲突,回到北方,寻找加勒比的安宁和平静。1948年4月20日,加西亚·马尔克斯赴卡塔赫纳,[13]到那儿不久,与一位老朋友曼努埃尔·萨帕塔·奥利维利亚不期而遇(奥利维利亚后来写了一部不同凡响的非洲—加勒比小说《天下第一大混蛋桑戈》[*Changó, el gran putas*, 1983][14])。他到当地报纸《环球报》(*El Universal*)谋职时,老朋友助了一臂之力。当记者对马尔克斯来说算是好运气,因为他找到了一份对他成为作家很有帮助的职业;他后来说,写小说的看家本领是通过当记者学到的。[15]他再也没有回到大学校园继续学业。

加西亚·马尔克斯的第一篇文章《新段落》("Punto y aparte")刊登在1948年5月21日的《环球报》上。[16]《环球报》编辑克莱门特·曼努埃尔·萨巴拉戴一副眼镜,头发朝后捋得纹丝不乱,是个低调的同性恋,也是个直言不讳的自由派。[17]他很有点名气,因为他严厉谴责保守派,说他们不但政治原则是错误的,语法也一塌糊涂。[18]后来,马尔克斯写了一系列"新段落"文章,稿子上有萨巴拉用他传奇的红笔所做的细致批改。马尔克斯这时的文章已经有了可以辨认的风格：简短（大约一个段落），风趣，着眼能够彰显故事寓意的细节，引人入胜，经常还会有一点政治感染力。[19]文章通常会选取非常普通的场景或者时间，可能是宵禁的钟声、一个稻草人、划船出去玩儿、某个星期四，或者某个文学家，比如萧伯纳或柯南道尔，然后深入到更加重要的话题（这些事件的历史意义，或者鬼魂已经不再流行了的事实，等等）。[20]有时，文章想象力丰富，显示出小说家在磨砺写作风格。例如，有一篇文章写的是一周里每一天的特性（星期一像手指上的戒指，星期二是结婚或者出远门的日子，星期三是模棱两可的，星期四是混搭的日子，而星期五则是优雅地死去的日子）。[21]在这些早期文章里，可以看出马尔克斯运用语言的天分。哥伦比亚最负盛名的诗人阿尔瓦罗·穆蒂斯认为，在所有西班牙语作家中，马尔克斯对源于卡斯蒂利亚方言的标准西班牙语理解得最为透彻。[22]将这些文章与马尔克斯同一时期写的短篇小说相比较，我们不难发现，波哥大动乱期间的经历，已经让作家在文学上有所收获，这些引人入胜的作品最终都有点蹊跷。[23]作为一个新闻记者，他学会了关注社会的锐利视角。一旦文学与新闻相结合，既能像哥伦比亚的福克纳一样写小说，又能写出社会视角锐利的新闻作品，马尔克斯就如虎添翼，可以一往直前了。[24] 40 年代末，加西亚·马尔克斯在卡塔赫纳为《环球报》所作的新闻调查，可能为《爱情和其他魔鬼》提供了创作灵感，这是他作品中最集中反映卡塔赫纳的小说（小说的开场白明确点出了故事发生的地点）。例如，1949 年 10 月 25 日的《环球报》上刊登了一篇故事，说的是一只名叫“骷髅”（Calavera）的狗挖出一具婴儿的尸体，写故事的人正是马尔克

1950 年加西亚・马尔克斯(右二)在巴兰基亚报社办公桌前工作

斯,[25]小说某些细节上的灵感很可能就出自这个故事。[26]

马尔克斯在他的记者生涯中开始小有名气,不久,巴兰基亚的《先驱报》(*El Heraldo*)编辑阿方索・富恩马约尔为马尔克斯提供了一份工作。1949 年圣诞节,马尔克斯搬到巴兰基亚,次年 1 月 5 日开始了他在《先驱报》的工作,当天就发表了他的“长颈鹿”(Jirafa)专栏的第一篇文章。[27]马尔克斯的妹妹莉西亚说过,加博离开《环球报》到巴兰基亚工作,是为了离梅塞德斯近一点。确实,他给新专栏起名时,想到的就是梅塞德斯优雅的长脖子。[28]马尔克斯很快就加入了巴兰基亚的文学团体,其中有两员老干将,何塞・费利克斯・富恩马约尔和拉蒙・比涅斯,还有奥夫雷贡、塞佩达・萨穆迪奥、富恩马约尔和巴尔加斯。[29]对马尔克斯最有启迪的是比涅斯,加博称之为“博览群书的人”[30]。后来比涅斯还真名实姓地出现在马尔克斯的小说《百年孤独》里(这是马尔克斯的

梅塞德斯·巴尔查与加西亚·马尔克斯结婚之前摄于巴兰基亚

小把戏,他经常把自己的朋友以其真实身份放进小说里)。[31]到《先驱报》工作不久,经常每天抽两包烟的马尔克斯搬进一座四层高的楼里,这座楼被戏称为"摩天大厦",因为当时在巴兰基亚这个滨海城市里,还没有几座这么高的楼房。这座楼在皇家大街(现在的玻利瓦尔街),靠近科隆广场(现在的圣尼古拉斯广场),就在《先驱报》办公楼对面,是个比较破败的街区。大楼底层是一个公证处,还有其他公司,上面几层是个妓院,马尔克斯住在顶层,房租是1比索50分一个晚上。马尔克斯跟很多在那里谋生的妓女成了好朋友,他替她们写信,而她们会给他洗熨衣服。没钱交房租的时候,他会把自己正在撰写的稿子抵押在门房。这个住处与马尔克斯如今在哥伦比亚的家相比,可真是有天壤之别。马尔克斯现在住的是三层楼的大房子,由哥伦比亚建筑师罗赫略·萨尔莫那设计,[32]位于卡塔赫纳城墙路(Paseo de la Muralla)和教区大街(Calle del Curato)相交之处,[33]面对着景色优美的加勒比海。

加西亚·马尔克斯为《先驱报》写的"长颈鹿"专栏,从1950年1月起一直刊登到1952年12月,这个专栏风趣睿智,打破了传统的新闻写作框框。有一篇题为《棺材辩》("In Defence of Coffins",1950年3月),开篇第一句便触目惊心:"在像今天一样的午后,一个最乐观的大活人可能会问,给他造棺材的那棵树到底长在哪儿呢?"[34]另外一篇,《泰山的孤苦童年》("Tarzan's Orphanhood",1950年3月),是这样开始的:"就跟大力水手一样,泰山会比创造他的作家有更加长久的生命力:埃德加·赖斯·伯勒斯①昨天在加利福尼亚他的农场去世了。"[35]除了给别的报纸写文章,他也曾经尝试自己办一份报纸。他和几个朋友创办了一份文学文化杂志《纪事》周刊,创刊号在1950年4月29日发行。[36]在《先驱报》工作期间,他养成了狂热工作的嗜好。据他弟弟路易斯·恩里克说,他的秘诀就是每天坚持不懈地写。[37]正如马尔克斯自己所说,他成功的秘诀是一分灵感,九分汗水。

---

① 埃德加·赖斯·伯勒斯(Edgar Rice Burroughs,1875—1950),美国作家,最著名的作品是《人猿泰山》(*Tarzan of the Apes*),故事被多次搬上银幕,包括迪士尼动画片。译者注。

就在这时祸从天降。1951年1月22日，加西亚·马尔克斯的挚友卡耶塔诺·亨蒂尔在苏克雷被砍死，罪名是让当地一个女孩儿玛格丽塔·齐卡失去贞洁，羞辱了她的家庭。玛格丽塔的兄弟杀了亨蒂尔。凶杀案过后不久，加博的父亲埃利西奥·加西亚决定举家搬迁到卡塔赫纳，当时，马尔克斯就在那儿的《环球报》当记者。这次搬家的原因一直没有令人信服的解释。可以肯定不是因为政治因素，[38]因为埃利西奥·加西亚是保守派，而苏克雷是个保守的小镇，在政治上就像它傍着的内陆湖一样，波澜不兴。卡耶塔诺·亨蒂尔被杀，起因显然是要为玛格丽塔·齐卡洗清性罪过，操刀者是她两个兄弟，他们的职业正好就是屠夫。亨蒂尔家是拥有土地的贵族，他的死清晰地表明，上层社会男子对下层社会女子实行性剥削的老规矩，已经不再是理所当然的了，其中包括像“第二家庭”和“初夜权”(*ius primis noctis*)这样的习俗。埃利西奥·加西亚一向是按旧习俗的规矩行事——他生过四个非婚生子女；举家迁移卡塔赫纳，很可能是因为意识到苏克雷已经发生了重大变化，同时也因为亨蒂尔跟他妻子有亲戚关系。马尔克斯则决定写一部关于朋友被凶杀的小说，但是，家人说服他，至少要等到亨蒂尔母亲去世之后。根据这个凶杀案写成的小说《一件事先张扬的凶杀案》30年之后面世。

1951年9月份，加西亚·马尔克斯创办了自己的报纸《要闻》(*Comprimido*)，于9月18日在卡塔赫纳出版，创刊号社论宣称，希望能够办成“世界上最小的报纸”，原因是“缺少纸张，没有拉到广告，也没有读者”。整份报纸长度只有24英寸，[39]因此非常方便携带。这份由吉列尔莫·达维拉出资，几乎全部由加西亚·马尔克斯撰写的报纸，印数500份，六天之后就停刊了。[40]报纸上有一个“爱情医院”专栏，专门替伤心的读者排忧解难。有一期是这样写的：

> 问：我还有很多话要跟我特喜欢的男人说，但是一到他身边，我就体温下降，浑身出冷汗，然后我就开始发抖。我该怎么办啊？
>
> 答：看医生去吧。你可能是打摆子，不是害相思。[41]

《要闻》从1951年9月18日发行至23日，这份报纸的价值在于能让我们见识马尔克斯那有些诡异的幽默。在类似《要闻》这样的作品中，马尔克斯创作中的加勒比气质是明显的，其特征是幽默自然、贴近口语、符合大众口味。[42]《要闻》是作家独自编辑的唯一一份报纸。

在同一时期，马尔克斯也在写小说。早在1952年3月份，马尔克斯就在信中告诉当时在《观察家报》工作的贡萨洛·冈萨雷斯，他正在写一部600页的小说《大屋》。[43]雅克·吉拉德认为，从马尔克斯40年代末和50年代初的报刊文章里，已经可以窥见颠覆了小说写作传统的作品《百年孤独》的精神。这个观点引发了吉拉德与安赫尔·拉马之间众所周知的辩论。安赫尔·拉马认为，马尔克斯的报刊文章和《大屋》的片段，与《百年孤独》的艺术造诣不可同日而语。[44]不管怎么说，马尔克斯的父亲对家里老大的新职业甚为不满。加博告诉父亲，他想成为一个作家，父亲一点儿也不客气地说：“你等着吃纸吧。”[45]

1952至1953年间,加西亚·马尔克斯决定到马格达莱纳旅行,去寻根问祖;促使他这样做的一个原因,是他意识到外公曾经过着双重身份的生活。他侥幸得到了一次机会,得以成行。流亡秘鲁企业家胡利奥·塞萨尔·比列加斯在巴兰基亚做分期付款购书的生意,他让马尔克斯做他的推销代理。时值1952年12月,马尔克斯接受了这份工作,因为这既能让他挣点钱,又能顺便实现他的寻根之旅。他先去圣玛尔塔,在那儿见到弟弟路易斯·恩里克,然后两人一起到西安纳加、巴耶杜帕尔、拉巴斯和玛瑙瑞等地的各个城镇,推销比列加斯的书,途中经过瓜卡马亚尔、塞维利亚、阿拉卡塔卡、丰达西翁和科北。[46]恩里克回西安纳加之后,加西亚·马尔克斯与拉斐尔·埃斯卡洛纳一起,继续他的旅程,后来遇见利桑德罗·帕切科,就是马尔克斯外公尼古拉斯·马尔克斯上校在1908年杀死的那位梅达多的孙子。两个年轻人放下前辈恩怨,一起去了拉瓜伊拉地区。他们途经乌鲁米塔、比利亚努埃尔、埃尔莫利诺、圣胡安德尔塞萨尔、丰塞卡、巴兰卡斯(加博的外公和利桑德罗·帕切科的爷爷,就是在城里的中心广场决斗的)和托马拉松,最后到达里奥哈查。[47]这趟游历让马尔克斯见到上校好几个"自然的孩子",他后来告诉达素·萨尔迪瓦,一共有十九个。1953年5、6月间,马尔克斯结束寻根之旅,回到巴兰基亚时,终于确认了外公的另外一个形象。多年前还是个孩子的时候,加博曾经见到外公坐在另外一处住所的客厅里,身边有个女人,外公显得轻松自如,仿佛在家里跟特兰吉利娜在一起似的。这浮光掠影的一幕,一直困扰着加博。他在拉瓜伊拉地区证实了,外公当年确实过着双重生活。

EL ESPECTADOR — Página Octava

Bogotá, Colombia, Sábado 13 de Septbre. de 194

Fin de Semana

Sección de EL ESPECTADOR de los sábados a cargo de Eduardo Zalamea Borda — Número 80

La Tercera Resignación

Por Gabriel García Márquez

LEONTIASIS OSEA? - DE ETICA Y DE ESTETICA?

Por León de Greiff

刊登在1947年9月13日《观察家报》的《第三次无可奈何》

加西亚·马尔克斯在旅途中除了卖比列加斯的书，自己还挤时间看小说。他重读了弗吉尼亚·伍尔夫的《达洛维夫人》，第一次看了海明威的《老人与海》，并且被深深打动。[48]可能最重要的是，他发现可以对这些小说的叙述框架加以改造，用以承载以他外公为家长的家族故事。几年前看过的陀思妥耶夫斯基的《双重人格》（很可能是阿方索·纳达尔的西班牙语译本[49]），可能对马尔克斯小说艺术想象力的形成有所帮助。[50]陀思妥耶夫斯基的故事关于一个叫雅科夫·皮德罗维奇·戈利亚德金的人，因为冥冥中有一个跟自己一模一样的人而备受折磨[51]，在小说高潮，终于见到自己的化身时，戈利亚德金屈服于“命运”，被带走了。而他是去疗养院，还是死了，小说没有交代。加西亚·马尔克斯早期小说的研究价值，不仅仅在于我们可以由此窥见让他特别着迷的主题（尤其是他家庭的双重性），而且在于从中可以追溯马尔克斯新文学风格的逐渐形成，其中包括五个方面的技巧：魔幻现实主义，将时间呈现为删头去尾、错位混乱的现实，简洁精辟的冷笑话，黑色幽默以及政治讽喻，这些技巧将在他后来的作品中日臻完善。[52]

马尔克斯第一篇正式发表的短篇小说是《第三次无可奈何》（"La tercera resignación"），刊登在 1947 年 9 月 13 日的《观察家报》上。当时作者身上居然没钱买一份 5 分钱的报纸，他借问一位路人，能否把报纸给他；就这样，借助随便一个陌生人的赠予，马尔克斯看到了自己第一篇印成铅字的短篇小说。[53]《第三次无可奈何》是一篇心理小说，里面没有政治或者社会批评，[54]写的是活死人，一个活着、但是即将被埋葬之人的思维过程："他在棺材里，随时会被埋掉，然而他知道自己还没死。"（第 69 页）[55]小说对阴间意识的描写，并没有超越我们所熟悉的许多 19 世纪小说，对话即便不是有失逼真，也可以说是非常呆板："'太太，你的孩子得了重病：他死了。然而，'他接着说，'我们会尽一切努力，让他虽死犹生。'"（第 69 页）

发表在 1947 年 10 月 25 日《观察家报》的第二篇短篇小说，《夏娃在猫中》（"Eva dentro de su gato"），印证了加西亚·马尔克斯早期小说中对死亡的专注，同时也显示他在描写令人毛骨悚然的细节方面独具匠心。在这篇小说里[56]，马尔克斯像一个即兴演奏的爵士乐师一样，不断尝试他掌握在手的所有技巧。小说是对卡夫卡《变形记》的改写[57]，像其他几篇短篇小说一样，也是探索非理性意识(这之前表现为潜意识、梦或者死后的生命),不过这回写的是一只猫的意识活动。在这篇故事里也有其他短篇小说里可以见到的技巧,比如对怪异或者荒诞现象的表现,这些技巧还在起步阶段,运用起来不那么流畅;特别值得重视的是,这篇故事里出现了他作品中一个新的技巧:简洁精辟的冷笑话,这在以后的岁月里将会成为他最佳作品中屡试不爽的技巧。这句话出现在故事结尾:“只有在这时,她才明白,从她渴望吃第一个橘子那天起,到现在已经过去了三千年。”(第 91 页)

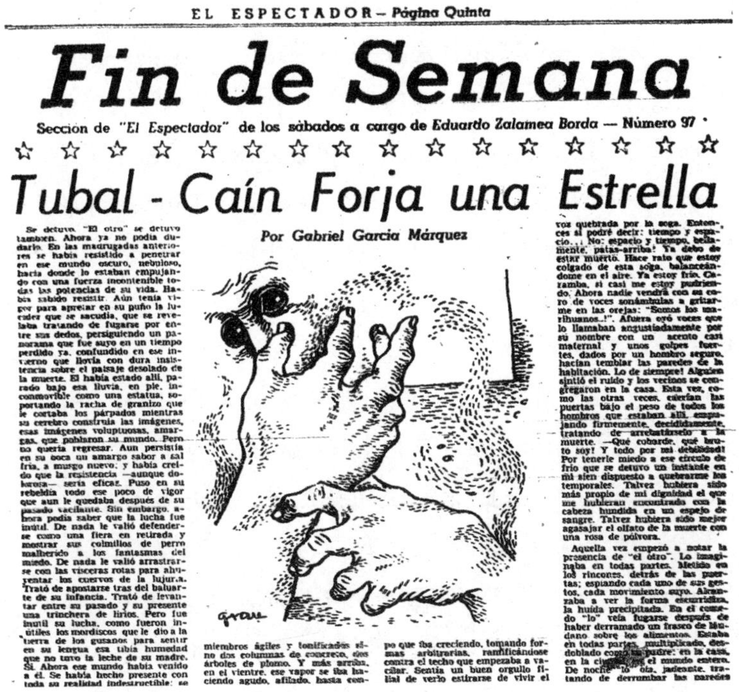
EL ESPECTADOR – Página Quinta

Fin de Semana

Sección de "El Espectador" de los sábados a cargo de Eduardo Zalamea Borda — Número 97

☆ ☆ ☆ ☆ ☆ ☆ ☆ ☆ ☆ ☆ ☆ ☆ ☆ ☆ ☆ ☆

Tubal - Caín Forja una Estrella

Por Gabriel García Márquez

Se detuvo. "El otro" se detuvo tambien. Ahora ya no podía dudarlo. En las madrugadas anteriores se había resistido a penetrar en ese mundo oscuro, nebuloso, hacia donde lo estaban empujando con una fuerza incontenible todas las potencias de su vida. Había sabido resistir. Aún tenía vigor para apretar en su puño la lucidez que se sacudía, que se revelaba tratando de fugarse por entre sus dedos, persiguiendo un panorama que fue suyo en un tiempo perdido ya, confundido en ese invierno que llovía con dura insistencia sobre el paisaje desolado de la muerte. El había estado allí, parado bajo esa lluvia, en pie, inconmovible como una estatua, soportando la racha de granizo que le cortaba los párpados mientras su cerebro construía las imágenes, esas imágenes voluptuosas, amargas, que poblaron su mundo. Pero no quería regresar. Aun persistía en su boca un amargo sabor a sal fría, a musgo nuevo; y había creído que la resistencia —aunque dolorosa— sería eficaz. Puso en su rebeldía todo ese poco de vigor que aun le quedaba después de su pasado vacilante. Sin embargo, ahora podía saber que la lucha fue inútil. De nada le valió defenderse como una fiera en retirada y mostrar sus colmillos de perro malherido a los fantasmas del miedo. De nada le valió arrastrarse con las vísceras rotas para ahuyentar los cuervos de la lujuria. Trató de apostarse tras del baluarte de su infancia. Trató de levantar entre su pasado y su presente una trinchera de lirios. Pero fue inútil su lucha, como fueron inútiles los mordiscos que le dio a la tierra de los gusanos para sentir en su lengua esa tibia humedad que no tuvo la leche de su madre. Sí. Ahora ese mundo había venido a él. Se había hecho presente con toda su realidad indestructible: se

miembros ágiles y tonificados sino dos columnas de concreto, dos árboles de plomo. Y más arriba, en el vientre, ese vapor se iba haciendo agudo, afilado, hasta con-

po que iba creciendo, tomando formas arbitrarias, ramificándose contra el techo que empezaba a vacilar. Sentía un buen orgullo filial de verlo estirarse de vivir el

voz quebrada por la soga. Entonces sí podré decir: tiempo y espacio... ¡No: espacio y tiempo, bellamente, patas-arriba! Ya debo de estar muerto. Hace rato que estoy colgado de esta soga, balanceándome en el aire. Ya estoy frío. Caramba, si casi me estoy pudriendo. Ahora nadie vendrá con su coro de voces sonámbulas a gritarme en las orejas: "Somos los marihuanos..!". Afuera oyó voces que lo llamaban angustiadamente por su nombre con un acento casi maternal y unos golpes fuertes, dados por un hombro seguro, hacían temblar las paredes de la habitación. Lo de siempre! Alguien sintió el ruido y los vecinos se congregaron en la casa. Esta vez, como las otras veces, caerían las puertas bajo el peso de todos los hombros que estaban allí, empujando firmemente, decididamente, tratando de arrebatárselo a la muerte. —Qué cobarde, qué bruto soy! Y todo por mi debilidad! Por tenerle miedo a ese círculo de frío que se detuvo un instante en mi sien dispuesto a quebrarme los temporales. Talvez hubiera sido más propio de mi dignidad el que me hubieran encontrado con la cabeza hundida en un espejo de sangre. Talvez hubiera sido mejor agasajar el olfato de la muerte con una rosa de pólvora.

Aquella vez empezó a notar la presencia de "el otro". Lo imaginaba en todas partes. Metido en los rincones, detrás de las puertas; espiando cada uno de sus gestos, cada movimiento suyo. Alcanzaba a ver la forma escurridiza, la huida precipitada. En el comedor "lo" veía fugarse después de haber derramado un frasco de láudano sobre los alimentos. Estaba en todas partes, multiplicado, desdoblado como su padre: en la casa, en la ciudad, en el mundo entero. De noche "lo" oía, jadeante, tratando de derrumbar las paredes

刊登在 1948 年 1 月 17 日《观察家报》的《图巴尔–卡因造星记》

第三篇短篇小说《图巴尔-卡因造星记》("Tubal-Cain forja una estrella"),刊登在1948年1月17日的《观察家报》[58],配有恩里克·格洛(Enrique Grau)醒目的插图。[59]马尔克斯这篇被巴尔加斯·略萨评论为"松散到了语无伦次地步"[60]的小说,其实是一篇非凡之作。作者潜意识中有一种对他人(非婚生孩子)的恐惧,感觉他们威胁到自己的身份,而这篇小说可以看作是折射这种恐惧的寓言故事。小说开篇的情景,可能是梦境,也可能是一个人漫步在波哥大街头的真实写照。主人公(几乎不加掩饰地是马尔克斯自己的投影)感觉被跟踪,于是故事开始了:"他停下来,'另外那个人'也停下来。"[61]接着是由"另外那个人"引起的一连串焦虑的想法。面对另外那个人,意味着回到过去:"他内心深处的那个人颤抖了。"主人公因此而感觉到一阵强烈的眩晕,晕乎乎地又回忆起已经去世的父亲,尤其是"他走过来坐在床边"的情景。[62]故事至此,突然出现魔幻转折,那位已经死去的父亲徐徐降临,开始在主人公眼前变形分身:

> 他已经看见他徐徐降落,很快他就变成一个极小的小人儿,然后分裂出一个化身[*se desdoblaría*];他就这样在房间所有角落里分身,变出好几个一样大的小人,行动迅速[*movedizos*],一模一样,像热锅上的蚂蚁似的四处乱跑。这仿佛是一场拙劣的娱乐节目,但是他看着挺开心。看见父亲不断分身变形,他有一种非理性的、真实的快感。他追逐着这一大群小人儿,心里很有满足感,小人儿非常害怕地聚集在各个角落里,用他们锐利

恶毒的小眼睛看着他，相互碰撞着，分裂出越来越多的小人儿，直到装满整个房间。

主人公接着描述他抓住十到十五个好像来自小人国的小东西，心中充满快乐："他们长得都一样，完全一样。"他要把他们杀掉，"他开始攥紧手指头，捏成拳头，挤压他们，好让他们毁灭在自己的拳头里，这时他看到小东西们瑟瑟发抖，心满意足的感觉油然而生。"小说接着写道："现在他彻底明白了。'另外那个人'的重现，意味着那时所有的病态感觉也会重现。"然后，故事回到了现实——那个漫步街头，听到他人脚步声感到恐惧的人。小说生动表达了一个年轻人由于他父亲创造的小人国幽灵而感到的极度痛苦。我认为，这些小人儿折射了马尔克斯发现外公的双重生活之后所产生的对生存的不安全感。虽然《图巴尔-卡因造星记》尚未受到应有的重视，但是，我们可以从中洞察自童年起就折磨着马尔克斯的左右两难的困境，通过这部小说，他直面了家庭生活里暗藏的幽灵。

《死亡的另一根肋骨》（"La otra costilla de la muerte"，1948）也可以解读为合法婚生孩子与非婚生孩子之间的对抗所引出的思考，非婚生孩子在小说里以死去的孪生兄弟/他者的形式出现。小说没有故事情节可言，描写的是主人公的一个噩梦，以及由此在他头脑里产生的一系列思维活动。在噩梦里一个被称为他兄弟的人死了。兄弟这个角色（"他的兄弟，另一个自我，他的孪生兄弟"）[63]也许会让人想到，这是作者自己某个弟弟的翻版，比如说路易斯·恩里克；但是这样的想法很快就被打消了，因为主人公与孪生兄弟(或者另一个人)一起,形成“另外一个躯体,比他自己躯体的渊源要更加久远,在古老族谱的枝叶中与他息息相通,通过他四对曾祖的血脉,贯穿他的躯体”(第29页)。叙事者和另外那个人,这两个孪生兄弟不分你我,因为他们身上流淌着相同曾祖的血液。根据这种说法,我们不妨将小说中构想的“另一个人”,解读为马尔克斯的外公尼古拉斯·马尔克斯上校的私生子;在马尔克斯创作性的想象中,这个私生子现在(即1948年)与他过着平行的生活。在《另一根肋骨》叙事者的想象中,“另一个兄弟”“从一代人跳到另一代人,跳过一夜又一夜,一个亲吻又一个亲吻,一个情人又一个情人,顺着血管,经过精巢,一路下来,直到好像走完一段夜路,来到最近这个母亲的子宫”(第29页)。

小说写到这里,是我们从艺术上领悟其真谛的时候了,孪生兄弟关系的真相被揭示:“现在他觉得追寻族谱的神秘游历是真实而动人的,因为平衡打破了,误差彻底解决了。他意识到自己外在的日常人格不完整,自我和谐中有缺憾:捆绑在脚上的雅各终于被彻底摆脱了!”(第29—30页)。以《圣经》里的雅各与其孪生兄弟以扫(见《旧约全书·创世记》第25章第50节)为隐喻,具有双重含义,一方面主人公身份的神秘感消除了(误差解决了,因为两个孪生兄弟各自是整体的一半);另一方面也让主人公感觉到存在的忧虑不安,因为,意识到另一个自我的存在,同时也产生了不完整的感觉。让主人公不知所措的是,另一个自我虽然非常亲近,是他自身的一部分,但是其存在形式却表现为已经死亡:“那具死尸对他并不是什么异己的东西,而是用跟他一样的材料塑造的,是他的翻版……”(第30页)。正如叙事者后来所感叹的:“这就是化身的意识! 他的化身是一具尸体!”(第30页)。很显然,马尔克斯从陀思妥耶夫斯基的《双重人格》中,借鉴了遇见自己化身的恐惧,并且将其转化成哥伦比亚家庭里的两极相反身份,即合法婚生儿子与私生子之间斗争的象征。虽然其中一个死了(可以阐释为,因为得不到社会承认而导致的社会意义上的死亡),另一个还活着,他们是“一模一样的两兄弟,令人烦恼的翻版”(*inquietamente repetidos*;第31页)。这篇短篇小说最引人入胜的地方,可能是第二个段落里描写的梦境:

> 树后面是那天下午刚下葬的兄弟,另一个自我,他的孪生兄弟,在指手画脚地想让火车停下来——这事儿我在现实生活里也做过一次。确信没人理睬他发出的信息,他开始跟着火车后面奔跑,直到气喘吁吁,口吐白沫,倒在地上。(第24页)

《死亡的另一根肋骨》的叙事者也意识到,梦的本身并不足以引起那么强烈的恐惧感:“这当然是个荒诞、非理性的梦,但是完全不至于让他一阵阵地从梦中惊醒”(*despertar desasosegado*;第24页)。缺乏客观对应物的恐惧似乎说明,应该对这个平常的梦作出更加不祥的解释。这个梦还有一个奇怪的细节,另一个自我在梦中“试图用剪刀把他的左眼挖出来”(第24页;笔者译①),这很可能是暗喻墨西哥著名导演布努埃尔的电影《一条安达鲁狗》

---

① 指本书作者M.哈特,后同。译者注。

(*Un Chien andalou*)的开场。[64]此外,还可以将小说解读为对古希腊俄狄浦斯神话的改写(俄狄浦斯意识到自己真实身份之后弄瞎了自己的双眼);这个神话在19年之后,最终会成为《百年孤独》里发现真相这一幕的神话基石。然而,考虑到在时间顺序上《死亡的另一根肋骨》很接近《图巴尔-卡因造星记》,我们完全有理由认为,前者反映的是作家家庭里合法婚生儿子与私生子之间类似《圣经》故事的争斗。有意思的是,私生子出场时总是已经死亡,因此,私生子的出现可以被看作是动摇了合法自我的优越地位。

《死亡的另一面》(1948)以传统而没有想象力的方式回归超自然的主题。小说没有对话,但是在最后一个段落,作者对时间永恒性的新意识初露端倪。叙事者看着天花板中间慢慢形成的一滴水,暗自思索:"可能那滴水里的房间会在一个小时,或者在一千年,充满这个房间,然后消融人体的躯壳,那空有其表的东西,可能——为什么不会呢?——在短暂的瞬间里,让他变成一堆黏糊糊的乳清和蛋白质混合物"(第82页)。[65]小说有些许荒诞与幽默,然而仅仅是意识到荒诞的存在,而不是通过幽默来表达这种意识:"无可奈何地,他听着那水珠,厚重、精确,滴落在另一个世界,理性的家伙们所在的、被误解的荒诞世界"(第82页)。

跟前面几篇短篇小说相比,《镜子对话》(1949)对时间流逝有更加具体的描写(第92页:8点12分;第94页:8点17分;第95页:8点18分)。[66]《三个梦游者的苦闷》(1949)中对话表达有所改善,但是,直至发表于一年后的《一只青灰色狗的眼睛》①(1950),

---

① 这篇短篇小说标题译文比较常见的是《蓝宝石般的眼睛》,虽然优美,但与原文相去甚远,不可取。这里是根据《中国大百科全书·外国文学卷》的译文。译者注。

我们才见到妙趣横生的对话和简洁精辟的冷笑话一起出现。[67]小说开始是看上去普通平常的家庭生活，但是随着故事的进展，越来越让人捉摸不透的冷笑话，渐渐打破了这个家庭平常的外表：“‘我觉得我要着凉了。’她说。‘这准是个冰城。’”（第103页）。小说通篇都是这类对话，在最后一节，对话不但宛如格言，还有柳暗花明的用意：“你是唯一一个醒来之后把梦忘得一干二净的男人”（第107页；笔者修改了译文）。这句话完全打乱了读者的预期，因为读者在小说叙述的基础上建立了一定的认知，现在却被告知他所认知的其实并不存在，如此这般，小说叙述过程所建立的“认知与无知”的对立关系被颠倒。然而，在加西亚·马尔克斯早期作品里，《六点钟到的女人》（1950）[68]是对话妙趣横生的佳作，有语义上的共鸣：

> 胡塞走到她身边，把肥胖的大脸盘儿凑过去，用食指撑开一只眼睛的眼帘儿。
>
> “给我吹吹这儿。”他说。
>
> 女人扬起头，一本正经，恼火了，又变得温和起来，脸上笼罩着疲惫和悲哀，特别好看。
>
> “别犯傻了，胡塞。你知道我六个月没喝酒了。”（第109页）

加西亚·马尔克斯最令人无从捉摸的手法，魔幻现实主义，在《纳沃：一个让天使等待的黑人》（1951）里现出端倪。纳沃死了，然而他自己并不知道，读者也是后来才逐渐意识到的。纳沃在马棚里让马给踢死了,有天使试图说服他到天堂去,参加唱诗班。这依次发生的超自然事件以现实主义形式呈现,似乎纳沃还活着,睡在马棚里,外面有个人在呼唤,想叫醒他。“起来吧,纳沃。你早该睡够了。”(第137页)这是天使的第一次规劝。但是,纳沃更感兴趣的是回忆自己生活的细节,他曾经把优美的歌唱给马听,他想知道马都上哪儿去了。对这个故事的一种解读是,纳沃给马踢了,虽然没有死,但却失去了理智,被锁在马棚里,然后开始幻听,听到天使的声音;另一种解读是,他已经死了,但是没有意识到死亡的降临。很难确定哪一种解读更加合适,因为小说里没有其他独立于纳沃意识的证据,可以让我们检验这些假想。其实,作家在小说里是故意模棱两可。

两年之后,马尔克斯在《有人在弄乱玫瑰花》(1952)[69]里,进一步完善了魔幻现实主义手法,他让一个幽灵与我们不动声色、非常自然地交谈着。幽灵解释道:他试图拿些玫瑰花,放到他死去孩子的坟上,这些玫瑰花是一个女人放在自己圣坛上的,他每个星期天都会去拜访这个女人。故事有意讲得含糊不清,似乎这个幽灵的前身是一个男孩子,马棚的楼梯在他脚下垮掉,他被摔死了(第120页),女人把男孩子当作弟弟看待(第119页)。然而,这种推测跟其他内容对不上号:故事开始的时候,幽灵想去孩子的坟上献花(第118页),这么一来,幽灵不是个男孩儿,而是年纪更大的人,要不然他怎么可能有个孩子?显然,小说是围绕一个无解的难题构建的,因为不是每个部分都能对上号:

> 她就这么在摇椅里坐了二十年,缝缝补补,看着那

> 张椅子,好像她现在照看的不是那个与她共同分享童年午后的男孩子,而是从他祖母五岁开始就坐在那个角落的病弱的孙子。(第 120 页)

假定“病弱的孙子”就是那个“躺在那里,混在泥土里,四散在蜗牛和植物根茎周围”(第 118 页)的孩子,那么我们的推理显然是不符合逻辑的。不但很难理解那个被称作“小子! 小子!”(第 120 页)的人如何居然有个孩子,而且也很难想象孙子怎么能“从他祖母五岁开始”就坐在角落里。加西亚·马尔克斯肯定是像解开死结一样,解构了前后顺序和因果关系,把几代人重叠为了一个人。《有人在弄乱玫瑰花》是一篇让人惊叹的短篇小说,回过头来看,应该是马尔克斯完善魔幻现实主义手法的力作,其后的精彩之作在此可见一斑。

第三章

“没什么区别”[1]

虽然很多人都拿加西亚·马尔克斯对波哥大明显的厌恶说事儿，有评论家称，这位诺贝尔奖获得者对哥伦比亚首都有“人类学上的过敏反应”[2]，然而，一个明摆着的事实是，有了这个安第斯山脉城市的节制，他才能够开创新闻记者和小说家的事业。1954年1月份，阿尔瓦罗·穆蒂斯邀请马尔克斯到波哥大，在他那里住一阵子（穆蒂斯当时在埃索石油公司广告公关部门工作），正好《观察家报》给了马尔克斯一个工作机会，每个月900比索，这可比在巴兰基亚的薪酬高多了（按照他在那里的薪酬计算，写一篇“长颈鹿”专栏才3比索）。[3]他接受了这个机会，因为报社的工资不仅能让他生活得比较舒适，也能给窘迫的家庭一点帮助，[4]同时，他还能参加在第七街莫利诺和阿斯图利亚举行的文人聚会，那可是当时哥伦比亚顶尖的文学沙龙。[5]

加西亚·马尔克斯在波哥大学到了新本领。1954年2月22日，他担任《观察家报》的影评记者[6]，成为哥伦比亚影评界的开拓者之一。[7]这时期最让马尔克斯感动的电影，是意大利新现实主义导演维多里奥·德·西卡的《偷自行车的人》，因为这部作品接近生活，非常人性化。[8]马尔克斯那时写的影评立场坚定，实话实说，引起了波哥大电影发行商的抱怨，有些人甚至从《观察家报》撤下广告。[9]显然，马尔克斯在利用影评提炼自己有关文学的看法。例如，1954 年 4 月 24 日《观察家报》上，有一篇马尔克斯对德·西卡《米兰奇迹》的评论，他认为，影片通过融合“寓言”与“赤裸裸的意大利现实主义”，达到了“将幻想人性化”的目的；他进一步评论道，《米兰奇迹》在这方面让他想起了《偷自行车的人》，其中的“幻想片段与现实生活因素融合得如此天衣无缝，其超现实要素并没有被人留意”。[10]这句评论可以一字不差地用在他后来的小说《百年孤独》上。他还决定把对电影的抽象认识用于实际操作，参与了《蓝色龙虾》(*La langosta azul*)的拍摄工作，这部影片由阿尔瓦多·塞佩达·萨穆迪奥导演，1954—1955 年间在巴兰基亚拍摄。[11]

从加西亚·马尔克斯自选文集《纪事与报道》(*Crónicas y reportajes*，1976)中，我们能够感受到，作为一个新闻记者，他是如何走向成熟的。文集收录的主要是马尔克斯 1954 年 3 月至 1955 年 9 月间为《观察家报》所写的文章，前三篇文章发表于 1954 年 3 月，集中描写哥伦比亚海岸地区拉斯尔帕(La Sierpe)的幻术、迷信和民俗。拉斯尔帕的统治者是个西班牙妇人，人称“伯爵夫人”

(*La Marquesita*),在《大妈妈的葬礼》①中,大妈妈的形象就是以她为蓝本的。伯爵夫人可以命令蛇找到并且咬她的敌人(《拉斯尔帕的伯爵夫人》,第 15 页),可以同时现身在不同的地方,甚至可以踏水而行(第 15 页)。在别的地方,耶稣受难日每年都会在不同的日子,而在拉斯尔帕,耶稣受难日固定在三月份最后一个星期五(第 13 页)。当地居民相信咒语的魔力,比方说,猴子可以神奇地被塞进一个人的肚子里。[12]加西亚·马尔克斯的文章显示,拉斯尔帕这个地方对耶稣祭坛的崇拜已经到了难以想象的地步,以至于当地木制的基督塑像丢失之后,村民们整整一年都没法儿干活(《拉斯尔帕奇怪的偶像崇拜》,第 27—41 页)。再者,抬着棺材,走在凹凸不平的路上,如果听见死尸在里面碰撞棺材板儿,大家会觉得死人很快活。[13]

在这个时期,对马尔克斯的成长有决定性影响的人物是阿尔瓦多·塞佩达·萨穆迪奥,这不仅体现在马尔克斯对导演电影的兴趣和他的小说创作(他发表了《大屋》[*La casa grande*]),而且还体现在他对源自美国的、新的新闻报道体裁的了解。塞佩达·萨穆迪奥在美国待过一段时间,对新新闻学有所了解,这显然对马尔克斯产生了影响。[14]托马斯·埃罗伊·马丁内斯曾经简明概括了两种不同的新闻写作风格:

旧的新闻写作风格通常会说:"昨天,东南亚发生海

---

① 该书名多译为《格兰德大娘的葬礼》,书中女主人公也相应翻译为"格兰德大娘"。此处根据英译本,翻译为《大妈妈的葬礼》与"大妈妈"。另据西班牙语原文,Grande 不是通用姓名,而是相当于英语"grand"的形容词。译者注。

啸，有X人丧生。巨浪推进了若干公里，一直冲到城镇和市区……”；新新闻报道同样事件，会这样开始：“塔帕·拉斯帕通德拉住在爪哇海边的村子里，她站在海边，海平线上一团巨大的雨云让她预感到，灾难即将来临……”你告诉读者海浪如何令人感到恐惧，让读者与生活在悲剧中心的某个人物感同身受。[15]

1955年发表的《遇难者的故事》（“Relato de un náufrago”），印证了加西亚·马尔克斯新新闻风格写作的成功。1955年2月28日，20岁的海员路易斯·阿莱汉德罗·贝拉斯科，在随哥伦比亚海军驱逐舰卡尔塔斯号从美国阿拉巴马的莫比尔驶向卡塔赫纳途中，与其他七位船员一起遭遇海难。他的朋友全部被大海吞没，而贝拉斯科在一个筏子上漂流十天，活下来了，吃了一只海鸥、一条鱼，还跟鲨鱼搏斗过，最后在哥伦比亚南部的乌拉巴（Uraba）上岸。这不但让贝拉斯科的家人，而且让全国都感到震惊，因为此前他已经被宣布死亡。马尔克斯对贝拉斯科进行了采访，历时“三个星期，筋疲力尽”[16]。采访以第一人称叙述的形式，从1955年4月5日起，连续十四天在《观察家报》上连载。[17]故事扣动全国人的心弦，《观察家报》的发行量因此而翻了一番。[18]更加有意思的是，这个故事像带刺的蜜蜂一样，结尾还有政治上的讥讽；贝拉斯科宣称，驱逐舰倾覆是因为超载装运了冰箱、电视机、洗衣机之类的走私商品。哥伦比亚当局通过官方渠道否认了这个说法，但是，《观察家报》在特别副刊上刊登了舰艇航行中的照片，暴露了政府欲盖弥彰的丑行。这下子政府恼羞成怒，最终导致报纸被查封。[19]

从这个扣人心弦的故事,已经可以看出马尔克斯的一些艺术特色。他逐渐引出悬念,描写贝拉斯科如何在出海前一天晚上,看了一部有关海难的电影,并因此而对即将开始的航程感到心神不定(《遇难者的故事》,第11页);提到船员中有一位在72小时之内就会葬身海底(第14页);还特别强调某些细节——总是在下午五点钟回到舰艇旁边的鲨鱼,贝拉斯科腿上的伤痛,海鸥的出现(让人想起《圣经》中衔着橄榄枝的鸽子飞回诺亚的方舟,说明陆地就在不远之处)。这一切为读者提供了审美的轮廓,有身在其中的感觉。这个新闻故事里,还可以看到马尔克斯刚刚成型的艺术手法:以写实的手法表现幽灵幻象,这将会成为他独特的艺术风格。他这样描写贝拉斯科"看见"已经被淹死的朋友海梅·曼哈雷斯坐在筏子上:

> 我实在是太累了,只好把头靠在划桨上,准备接受死亡的到来。就在这时,我看见他坐在驱逐舰甲板上,是海员海梅·曼哈雷斯,用食指指向海港……我知道自己神志清醒,压根儿没有睡着,风在呼啸,海浪在翻腾,风浪声从头顶掠过,我都能听见。我觉得又渴又饿,坚信海梅·曼哈雷斯就在筏子里与我同行。
>
> "你为什么没带足够的水上船?"他问我。
>
> "因为我们已经靠近卡塔赫纳。"我答道。[20]

十四期连载登完之后,马上出书,销路特别好。故事揭露了哥伦比亚海军内部的深层腐败，其政治感染力很快就彰显出来，让哥伦比亚政府感到很难堪。显然，在这风口浪尖上，加西亚·马尔克斯需要出国暂避一时了。

《观察家报》匆忙委任马尔克斯为报社驻欧洲记者，派他去了日内瓦。他戏剧性地表现了这一刻在其一生中的重要性：他的自传《活着为了讲述生活》恰恰就在他开始欧洲历险之际戛然而止。1955 年的欧洲之旅，其实不在马尔克斯的计划之内，因此，我们可以理解他刚刚踏上旧大陆时的些许茫然无措。他先到巴黎，然后于 1955 年 7 月 17 日抵达日内瓦，采访苏、英、美、法四大国日内瓦会议。[21]接着他又去威尼斯报道威尼斯电影节。十月份，在阿根廷纪录片导演费尔南多·比里的帮助下，马尔克斯入读著名的罗马电影试验中心，学习导演课程。[22]尽管他觉得课程太学术了，还是坚持学了两个月。[23]这段经历后来鼓舞他 80 年代中期在古巴设立了一所类似的电影学校，还为《十二篇异国旅行的故事》(1992)里最具魅力的故事提供了素材。不过，对马尔克斯来说，1955 年最难忘的事情，是他的第一篇长篇小说《枯枝败叶》(*La hojarasca*)出版了。雷蒙·威廉斯称这部小说为“哥伦比亚第一部现代小说”[24]。

《枯枝败叶》是一部极其晦涩难懂的小说，集中体现围绕马孔多镇上一位医生上吊自尽所产生的压倒一切、令人窒息的氛围，镇上所有人都憎恨医生，因为他曾经拒绝医治伤者。小说几乎没有情节可言，医生的尸体躺在棺材里，摆放在镇上最有权威的人、上校家的客厅里，叙述主要围绕书中人物面对医生尸体的各种反应。有时,叙述会被对往事的回忆打断,例如,医生如何来到镇上,到上校家登门拜访,然后在他家的里屋住了好多年;还有医生如何逐渐被来照看香蕉种植园工人的其他医生所取代。故事发生在 1928 年 9 月 12 日,从下午两点半,一个小男孩儿(上校的儿子)到家,到下午三点钟,棺材准备抬出街,放到教会坟场外面医生准备下葬的地方;镇上的人是那么痛恨医生,他们不允许医生以基督教葬礼下葬。这是对古希腊索福克勒斯的悲剧《安提戈涅》的演绎,在索福克勒斯的剧中,国王克瑞翁下令让波吕涅克斯暴尸荒野。《枯枝败叶》在题词中引用了《安提戈涅》,使两者之间的关联更为显著。[25]

根据杰拉德·马丁的观点,《枯枝败叶》是马尔克斯小说中最具自传色彩的:“小说中心人物是神圣的三位一体,以现实中的小加博、路易莎和尼古拉斯为蓝本,形成了三代人的家庭故事”,让马尔克斯能够“在写作的时候幻想,他母亲从来都没有真正爱过父亲加夫列尔·埃利西奥,而且跟母亲分离的是父亲,而不是儿子小加博”。[26]《枯枝败叶》所体现的俄狄浦斯焦虑固然有意思,然而,同样有意思的是小说的叙事艺术。小说引人注目的特征,是从三个不同的叙事角度,巧妙地展现了有关医生之死的意识活动,从孩子开始(第 3 页),过渡到他母亲伊莎贝尔(第 7 页),然后到伊莎贝尔的上校父亲(第 14 页),最后,三重视角交叉回旋,将三层意识融为一体,使叙述中的“我”转化成由一家三代人构成的混合意识。这种马赛克式的视角让人觉得,情节和叙述都包裹在记忆中,时间也就成了无始无终的永恒。对曾是医生情妇的女佣梅梅的一段描写,[27]可以用在小说中所有人物身上:

> 显然，梅梅那天夜里沉浸在往事中。追忆之中，她感觉在过去几年里，自己停留在某种独特的、永恒的静止时空，而那天夜里对往事的回忆，又重新启动了她自己的时间流动，她开始进入延迟了很久的衰老过程。[28]

对加西亚·马尔克斯而言，我们能够回想过去，也就意味着时间是可以倒流的："然后，一切都开始倒退，她说。"（《枯枝败叶》，第25页）正如安赫尔·拉马所说，马尔克斯的小说经常以"来回摆动的势态"表现时间，"带着我们前后来回，不时返回当下的时间"[29]。J. G. 科博·博尔达也有相类似的观点，他特别指出马尔克斯对"非现实过去时"的运用，"在传奇的过去时，每一个意外都是必须发生的，可以说非现实过去时，集中体现了马尔克斯小说的艺术手法"[30]。

《枯枝败叶》叙事过程中也有语焉不详的地方，比如，医生为什么自杀，梅梅到底出了什么事儿（第9页），镇上的人为什么对医生那么反感（我们可以认为，镇上居民情绪的客观对应物——在某个场合不愿意救治病人——不足以解释他们为何对他怀有如此深仇大恨）。可能小说最引人注目的是，"枯枝败叶"虽然是书名，但是在叙述里却出乎意外地缺失了，只是偶尔随意提起过，比如，伊莎贝尔的父母不让她去电影院，因为"电影的乐趣就是从枯枝败叶来的"（第51页）。不过，对"枯枝败叶"的含义，小说在富有诗意的序里作出了解释：这是一个隐喻，指的是由于香蕉公司的到来所造成的浩劫。

突然之间，好像一阵旋风在镇子中间扎下根，香蕉公司来了，紧随其后的是枯枝败叶。打着旋的枯枝败叶卷地而起，里面净是其他镇子来的人渣和垃圾，还有那越来越显得遥远而不可思议的内战留下的各种废物。毫不留情的旋风，漩涡般裹着人群的气味，污染了周围的一切，那是皮肤分泌物和悄然死亡的气味。不到一年的光景，旋风把随之而来的许多灾难的瓦砾播撒在镇子上，在街道上抛下林林总总的垃圾。(第 1 页)

香蕉公司确实给小说中的一个人物带来了灾难，那就是医生。香蕉公司为工人提供医疗服务，让医生失去了病人，夺了他的活路；然后立了新规矩，要求所有专业人士注册毕业证书，这等于是质疑他是否有行医资格，让他失去了尊严(第 49 页)，也许这正是他自杀的缘故。但是，小说并没有聚焦在香蕉公司带来的“许多灾难”上，最多就只是关注了一个灾难——医生之死。既然书名如是，序里又有如此震撼的开场，读者自然会以为，旋风带来的枯枝败叶会是小说压倒一切的焦点，因此，“枯枝败叶”在小说中明显的缺失，说明加西亚·马尔克斯用的是冰山策略[31]——马孔多主要悲剧发生在舞台之外，一个不为读者所知的地方，读者看到的是舞台上的悲剧效应。因此，《枯枝败叶》提出了这样的可能性：看不见的，比可见的更加重要。正如我们前面提到过的，小说充满不解之谜，包括梅梅出什么事儿了，医生为什么自尽等等；但是这些谜都包含在一个更大的谜团里：枯枝败叶的旋风在哪里?[32]

其他写于50年代中期的小说显示,加西亚·马尔克斯仍然在短篇小说形式上做着不同的尝试,裁剪边幅,磨砺个人风格。《伊莎贝尔在马孔多观雨时的独白》(1955)再现了一个被雨吓坏了的孕妇伊莎贝尔的所思所想。小说充分表达了加勒比地区的大自然所给予人的那种摧枯拉朽、无所不能的感觉,让读者感受到加勒比雨季非同寻常的连绵阴雨:"下雨了。天空是一块柔软的灰色物体,在离我们头顶一掌之遥的地方扇着翅膀。"(第129页)雨如此绵绵不绝,全然充斥了人们的感觉:"从星期一太阳下山之后,我们就没吃东西,我想从那时开始,我们的思维就停止了。我们让雨给下了药似的,麻木了,以平静、无可奈何的态度,接受大自然的崩塌。"(第132页)

尽管马尔克斯50年代中期的小说创作,反映的是具有挑战性的加勒比思想倾向,写作当时,却是作者忙于接受欧洲影响之际。1955年12月他从罗马来到巴黎,住进位于居亚斯路16号的法兰德斯旅店。[33]紧接着,倒霉事儿发生了。哥伦比亚政府决定查封《观察家报》,这等于是让马尔克斯一夜之间变得一文不名,因为报社的薪酬是他唯一的收入。尽管囊中羞涩,他还是决定留在欧洲。幸运的是,当时生活在委内瑞拉的普利尼奥·阿普莱约给他找了自由新闻撰稿人的活儿。问题是,普利尼奥·阿普莱约的款不能保证准时汇到,马尔克斯巧妙地将这段经历移植到《没有人给他写信的上校》,刻画上校如何等待信件的到来。[34] 1956年底,马尔克斯搬到阿萨路上的一个房间(*chambre de bonne*),与来自西班牙巴斯克的演员塔奇雅·金塔纳同居,这是一段短暂而热烈的爱情。[35]然而，他一生钟爱的，依然是在她九岁时与他邂逅的姑娘，梅塞德斯・巴尔查，这时她正在哥伦比亚等着他。加博和梅塞德斯开始通信，每周都有两三封信。[36]正是在书信往来中，他们逐渐意识到双方之间的爱情是多么炽热。我们甚至可以认为，他们正是在这个时候真正坠入爱河的。

回过头来看，马尔克斯在欧洲写的新闻报道与过去显然有所不同，敏锐的才智、国际化的视角、历史性的讽喻，这都是以前的新闻报道中所没有的。这些新闻报道收集在《当我幸福而尚未成名时》(1973)。例如，《世界上最著名的一年》以视觉形象开头——这也是马尔克斯小说的标志性手法——安东尼・艾登勋爵在唐宁街 10 号向人群挥手辞别，然后“与党内同僚分手，最后一次拜访伊丽莎白女王，递上辞呈，收拾行李，离开首相官邸，退出政治生涯”，这一切都在两小时内完成。[37]文章收集了 1957 年的各色事件，出彩的往往是事件中令人匪夷所思的细节——美国演员亨弗莱・鲍嘉临死前所说的话：“唯一没出差错的，是我的银行存款”(第 12 页)；安德烈・葛罗米柯上去了(在苏联权力之争中)，而法国影星碧姬・巴铎袒胸露背的衣服掉了下来(第 13—14 页)。在欧洲做记者期间，马尔克斯完善了将读者吸引到故事中心的技巧：通过日常所见所闻的事件，建立共同视角，在此基础上产生集体共鸣。有一篇文章写的是发生在意大利的一桩谋杀案，充分显示了他的功底：

> 维森特・埃尔南德斯・马维尔跟妻子吃过晚饭，在阳台上抽烟歇息了一个时辰，晚上 10 点钟出门，这是他

> 最后一次走出家门。他34岁,是位身材粗壮的出租车司机,平日谈笑风生,是委内瑞拉基督教民主党政治主张的热情支持者,还是虔诚的天主教徒。1952年3月24日那天晚上,他最后一次走出家门时,跟往常没什么两样。他从下午6点钟起开着黑色的水星轿车干活儿,8:30回家吃晚饭,答应妻子会像往常一样,凌晨两点回家。但是,直到第二天,他才随着报纸最后一版上的新闻报道进了家门。报道说的是,维森特·埃尔南德斯·马维尔在自己的车里,跟一个朋友一块儿被枪杀了。[38]

1957年,加西亚·马尔克斯与普利尼奥·阿普莱约、他妹妹索莱达和路易斯·比利亚尔·博尔达一起去东欧旅行,普利尼奥·阿普莱约买了一辆雷诺车,是他提议和马尔克斯一起去东欧的。[39]他们去了东德、西德、捷克斯洛伐克、波兰、苏联和匈牙利。马尔克斯此行所写的文章收集在《社会主义阵营游历》(*De viaje por países socialistas*)一书中。从这些文章看,他在政治上显然更加敏锐了。在某些方面,我们这位哥伦比亚作家的新闻报道与塞萨尔·巴列霍五十年前对苏联的报道有异曲同工之处,跟巴列霍一样,马尔克斯通过访谈,依据所见所闻得出的印象,描写了在这些国家里人们是如何生活的。然而,与巴列霍不同的是,看了马尔克斯的新闻报道,读者得到的是一边倒的负面印象。马尔克斯认为,在这些国家里,什么都做不好,连娼妓也做得不像样![40]跟马尔克斯一起去东欧的普利尼奥·阿普莱约认为,马尔克斯后来对社会主义和共产主义的兴趣,来自对古巴天然的同情,而不是源自苏联及其卫星国的纽带。[41]

从东欧回来之后，加西亚·马尔克斯到伦敦待了六七个月，表面上是去学英语，其实是去修改准备发表的小说。[42]后来，在普利尼奥·阿普莱约举荐之下，马尔克斯有了到卡拉卡斯《时光》(*Momento*)杂志社当记者的机会，并于 1957 年 12 月 24 日抵达委内瑞拉。[43]不久，1958 年 1 月份，独裁者马科斯·佩雷斯·希门尼斯下台，当时正好在卡拉卡斯的马尔克斯，与其他人一起兴高采烈，上街庆贺。他神奇的笔法再次发挥威力。1958 年 1 月 23 日，佩雷斯·希门尼斯逃离委内瑞拉，翌日，马尔克斯和普利尼奥·阿普莱约一起编写的庆祝民主回归的《时光》杂志与读者见面，印数十万，几个小时便告售罄。[44]尽管他们俩的合作旗开得胜，《时光》杂志社编辑卡洛斯·拉米雷斯·马格里戈后来还是把他们辞退了，起因是 1959 年 5 月份理查德·尼克松访问委内瑞拉，他们对此事持有不同政见。[45]

在委内瑞拉工作期间，马尔克斯实践了自己多年前许下的诺言。1958 年春季的一天，他和普利尼奥·阿普莱约正在卡拉卡斯大咖啡馆跟几个朋友喝酒，突然，“他看了看表，说：‘见鬼，我快赶不上飞机了。’普利尼奥问他要上哪儿去，马尔克斯说：‘结婚去。’”[46]他从《时光》杂志社告假，飞回巴兰基亚，梅塞德斯·巴尔查在那儿等着他。1958 年 3 月 21 日，两人在 7 月 20 日大街(Avendia 20 de Julio)上的圣母教堂举行了婚礼。[47]马尔克斯的弟弟伊尤觉得梅塞德斯魅力四射，很像索菲亚·罗兰。[48]马尔克斯带着新婚妻子回到委内瑞拉，开始了他们共同的生活。[49]这是一段十分美满的婚姻，加博和梅塞德斯非常般配，就像一个朋友所说的，他们两人中，梅塞德斯“是脚踏实地的，他们的财产都是她掌管，她是护着他的母狮子；没了梅塞德斯，加西亚·马尔克斯就完全不知道东南西北了”[50]。1959年8月24日，他们第一个孩子罗德里戈出生，1962年4月16日，有了第二个孩子贡萨洛①。

此时，拉丁美洲政治局势日益紧张。1959年1月1日，菲德尔·卡斯特罗在一场革命政变中将富尔亨西奥·巴蒂斯塔赶出古巴。马尔克斯和普利尼奥·阿普莱约作为记者，应邀参加菲德尔·卡斯特罗举办的“阐明真相”活动。他们于1959年1月19日抵达哈瓦那；在这次访问中，马尔克斯第一次与卡斯特罗见面。[51]马尔克斯评论道：“对于上一年待在卡拉卡斯的人来说，看到1959年初哈瓦那的狂热气氛和有创意的混乱，一点都不会感到惊奇。”[52]从此，马尔克斯开始转向加勒比式的共产主义。[53]当时，刚刚成立的古巴通讯社“拉丁社”要在波哥大成立分社，马尔克斯应邀参加了筹备工作；1961年1月又应邀去拉丁社纽约分社工作。梅塞德斯带着两岁的儿子罗德里戈和他一起去了美国。不过，纽约的日子并不好过。居住在那里的反卡斯特罗古巴难民，经常打电话谩骂骚扰拉丁社工作人员，就连梅塞德斯都接到一个恐吓电话，说知道他们住在哪儿，带孩子上哪儿散步（中央公园）等等。[54]

1961年6月，加西亚·马尔克斯心血来潮，决定离开纽约，带着梅塞德斯和小罗德里戈，乘坐灰狗长途车去墨西哥。在马尔克斯心目中，这是去福克纳笔下的美国南方腹地的一次朝圣之旅，但是，在亚特兰大，他们亲身经历了美国南部种族主义的粗暴。

---

① 原文有误，此时贡萨洛尚未出生。译者注。

1959 年加西亚·马尔克斯在波哥大拉丁社工作期间

旅馆不让他们进去，因为他们被当成是墨西哥人，[55]迎接他们的是“狗与墨西哥人勿进”的招牌。在新奥尔良，普利尼奥·阿普莱约从波哥大汇来的 120 美金，正在哥伦比亚领事馆等着他们。[56]去墨西哥途中，马尔克斯亲眼见到了福克纳所描写的约克纳帕塔法镇上的恐怖人生。[57]尘土飞扬、炎热不堪的镇子，无望的民众，让他想起自己在早期小说里刻画的阿拉卡塔卡的世界。[58]加博、梅塞德斯和罗德里戈于 1961 年 6 月 26 日到达墨西哥城。[59]马尔克斯找工作颇费了一番周折,最后,在当年9月份,他同意给古斯塔沃·阿拉特里斯特的两份流行杂志《家庭》(*The Family*)和《轶事》(*Stories for Everyone*)当编辑,[60]同时他还写电影脚本。现在回过头来看,这份工作分散了他的精力。

1962年对加西亚·马尔克斯是十分有意义的一年,是他小说创作的"奇迹之年"(*annus mirabilis*)。这一年他发表了三部重要作品:《恶时辰》(*La mala hora*),《没有人给他写信的上校》(*El coronel no tiene quien le escribe*),和《大妈妈的葬礼》(*Los funerales de la Mama Grande*)。这三部作品之间的关联显而易见。[61]《恶时辰》的有些人物也出现在其他两部作品里,比如大妈妈本人、堂·萨瓦斯、蒙铁尔寡妇和伊莎贝拉;有些场景重复了其他故事中的片段,比如,短篇小说集《大妈妈的葬礼》里的《某日》,写牙医给镇长拔牙,《恶时辰》有同样情节,不过是加长版。跟《没有人给他写信的上校》一样,在《恶时辰》里,电影院老板放电影,必须通过当地神父的审查。[62]《恶时辰》刻画的是一个丧心病狂的世界:镇长独掌大权,既腐败又暴力;大清早有人在镇子醒目的地方张贴"匿名帖子"(pasquines),将左邻右舍犯下的过错公之于众,让老百姓时刻心惊胆战;在这里,法律被视为儿戏,一方面,被人戴绿帽的丈夫杀人复仇(塞萨尔·蒙特罗枪杀了与他妻子有暧昧关系的帕斯托),另一方面,镇长的爪牙残忍地杀害了一个被关押的人。《恶时辰》的某些词语会在后期小说里出现,比如镇长的断言,"这是一个幸福的镇子"(第85页),在《百年孤独》里得到重复。这不是传统意义上以情节为中心的小说,而是一个镇子在水深火热中的内心感观:官员腐败,停滞不前,暴力漫无目标,像地

加西亚·马尔克斯，摄于 1962 年

狱一样永无解脱。如果把情节写入小说，就等于有了以假乱真的方向感，而这个世界是没有方向感可言的。

客观真实、具有电影风格的《没有人给他写信的上校》，在一百页左右的篇幅里再现了 50 年代哥伦比亚的政治氛围。小说情节简单到几乎可以忽略不计。主人公上校为一封信等了十五年，他相信这封信很快会到，能带给他发放退役军官养老金的消息。小说主要内容是描写上校和老伴——无名无姓，就是“老伴”——在保持尊严的前提下，为了生存所做的一切。故事时间跨度不长，50年代某年的10月至12月（可能是苏伊士运河危机的1956年，因为小说中两次提及这场危机；见第25页、第41页）。[63]无所不知的第三人称叙事者并没有直接提供细节，而是读者被故事吸引，根据对话所透露的信息，逐渐勾勒出人物生平的轮廓。我们很快就发现，上校和老伴因为失去儿子阿古斯丁而深受打击，而后其死因逐渐透露，原来他卷入反政府活动，并且为之付出了生命的代价。这部中篇小说最无从捉摸的，不是出现在书名里的那封信，而是上校家的公鸡：尽管他和老伴已经无异于在慢慢饿死，上校依然拒绝把公鸡卖掉。公鸡有象征性的价值，除了有不吉祥的含义，让人联想到死亡之外（第71页），还让人联想到左派意识形态、老两口死去的儿子（公鸡曾经是阿古斯丁的）、人们对更加光明的未来的期盼（小说快结束时提到的“幻觉”，第70页）等等。这样，公鸡就代表了人们生存下去的决心，虽然他们面对的是最卑鄙的政治压迫。《没有人给他写信的上校》的主题，正如鲁文·佩拉约所言，是哥伦比亚权势阶层的腐败。[64]

还在巴黎的时候，加西亚·马尔克斯就一直在写《没有人给他写信的上校》，诚如杰拉德·马丁所言，在某个层面上，这部小说以虚拟的形式，对他当时与西班牙女演员塔奇雅相恋时真实的日常生活进行了再创作。[65]同样重要的是，小说带给读者“等待”的强烈感觉。马尔克斯无异于创作了一个令人信服的哥伦比亚的戈多形象："他坐在燃烧的泥炉子旁边，等着茶水煮开……这时，上校觉得好像内脏里有毒蘑菇和百合在生长。这是十月份。"（第5—6页）蘑菇和百合在他身体里生长，这个怪诞的意象当然会让我们联想到马尔克斯早期作品中对死亡的特别关注，但是对马尔克斯来说，这也是十分有个人特色的意象。在T. S. 艾略特看来，四月份是"最残忍的月份"[66]，然而在属于马尔克斯个人的象征库里，与死亡、厄运还有茶壶（*pava*）联系在一起的总是十月份。因此，在某种意义上，上校显然是作者的化身（他们都在等待永远没有寄到的汇款；都感觉到好像已经死了；都讨厌十月份）。小说的意象构成是多层面的，正如马尔克斯所指出的："《没有人给他写信的上校》的出发点，是一个在巴兰基亚市场等着看轮船下水的男子，默默的，有些焦急；多年以后，在巴黎，我发现自己在等待一封信——很可能是汇款——同样有些焦急，这让我觉得跟那个记忆中的男子很相似。"[67]当然，还有童年记忆：记得当年外公参加1899至1902年的千日战争之后，很多年来一直等待着领取退役军人养老金（见本书第1章）。第三个层面是政治上的讽喻，小说其实也是关于哥伦比亚的政治紧张局势，尤其是暴力冲突所带来的恐怖，这从小说中的只言片语可见一斑，例如上校的评论，"这次丧礼可是件大事儿呢……多少年了，头一回有人自然死亡"（第11页）；此外还有他们的儿子阿古斯丁未加解释的死因。在第四个层面上，小说受到德·西卡的影片《翁贝托·D.》（*Umberto D.*）的影响；[68]跟加西亚·埃斯皮诺萨和蒂顿一样，马尔克斯这个时期小说的创作风格深受意大利新现实主义影响。最后，同样重要的是，小说带有自传成分，作者写作时的个人经历也是不可忽略的影响,马尔克斯把他与塔奇雅之间的关系写入了小说的某些细节。

这就是马尔克斯小说的绝妙之处,其创作源泉至少有五个层面,包括(1)令人难忘的视觉形象;(2) 童年记忆;(3)写作时的生活细节;(4)用某种文学技巧来构建小说,换言之,将这种技巧变为艺术(《没有人给他写信的上校》的技巧受德·西卡的启发,50年代早期的灵感则来自卡夫卡);以及(5)借助文学隐喻而产生的政治讽喻,通常出现于看似无意的只言片语,其实是冰山一角。这五个层面相互交织,紧密相连,只有精密的刀锋才能将其剥离,正所谓"无斧凿痕方为真艺术"(*ars celare artem*);例如,塔奇雅的人工流产,[69]不可思议地与自由党事业的失败联系在一起(两者都涵括在已经死去的儿子阿古斯丁身上);这就是为什么马尔克斯的小说总是让人有一种真实感,因为其中有五分之四的真实和五分之一的虚拟。唯一的难题是,真实从来不是某个单一事件,而是四个真实情景在美学上通融交汇所产生的一个艺术层面。这既是真实的,也是从来没有发生过的。《没有人给他写信的上校》是一篇艺术力作,在一对老夫妻的日常生活这样一个看起来非常狭窄的框架里,作者成功地嵌入了国家命运的寓言画卷。确实,马尔克斯这个时期(50年代中后期)小说作品一个显著特点,就是刻画哥伦比亚潜在的政治怒火,用安赫尔·拉马的话说,这个国家"生活在旷日持久的暴力状态,不是公开暴力,就是暗藏的暴力威胁"[70](笔者译)。

短篇小说《大妈妈的葬礼》是拉丁美洲政治讽喻文学的开山之作,其中主要人物,是个被恰如其分地称作"大妈妈"的女人,马尔克斯借用大妈妈的葬礼，讽喻拉丁美洲后殖民时期怪诞的政治现实。小说创作于1959年5、6月间，[71]也就是说，几乎可以看作是对古巴革命所代表的意识形态作出的直接回应。开篇伊始，似乎没有什么迹象表明这是政治讽喻小说，但是大妈妈掌管的事儿被一一罗列，她的权力是如此之大，读者不难看出，这是对始于西班牙征服者，并且延续至今的权迷心窍和滥用权力的讽喻；当这部小说在60年代被更多的人注意到的时候，公众的反应只能用“革命性的”来描写。所有细节——尤其是关系到大妈妈占为己有的、各种物质或者抽象的东西——渐渐使故事的叙述变成了归谬法（*reductio ad absurdum*）。例如：

> 地下资源、领海、国旗的颜色、国家主权、传统党派、人权、公民权、公民自由、首席法官、第二轮审判、第三次辩论、推荐信、历史证据、自由选举、选美王后、传统演讲、壮观的表演、尊贵的年轻女士、正直的绅士、军事荣誉、杰出的贵族、最高法院、禁止进口的物质、放任的女士、性欲问题、语言纯洁问题、在世界上树立榜样、法律秩序、自由而负责任的新闻界、南美洲的雅典、公众舆论、民主选举、基督教道德、硬通货短缺、避难权、共产主义的威胁、国家库存、高额生活费用、共和党的传统、弱势阶层、表示支持的信息。[72]

所有这一切大妈妈真的能拥有吗？由于没有任何持异议者的声音，拉丁美洲的地方政治首领巧取豪夺，擅权专利，对此还有比这篇小说更加怪诞、更具讽刺的描写吗？在拉丁美洲，寡头政治国家政权的法令将权利、特权和禁忌搅和在一起，有哪一个作家曾经如此毫不掩饰地揭示这种状况在实质上的空虚无聊？[73]既然没有来自国会另一半的“皇家异议”，甚至也没有来自下层的声音可以倾听，大地主们（*latifundistas*）就可以擅自获取特权、权利和其他任何东西，好像他们是上帝似的。鉴于小说写于1959年，加西亚·马尔克斯肯定是借此攻击拉丁美洲殖民统治怪诞的独断专行，因此，虽然没有明说，却也间接表达了支持古巴革命所代表的反殖民主义意识形态的情怀。其实，《大妈妈的葬礼》也可以被看作是一封致菲德尔·卡斯特罗的自我介绍信，对卡斯特罗在60年代那令人兴奋的年月里所代表的一切，表示热烈的支持，因为小说讽刺了拉丁美洲征服者，以及他们在“西班牙裔”（criollo）拉丁美洲的继任者，揭露了他们所占有的权利与特权的荒诞本质。[74]我们当然可以从小说中挖掘出对拉丁美洲历史的反殖民激进解读，然而，这种解读也绝不是不言而喻的，甚至可能会被认为是历史主义批评学派的过分先入为主。尽管如此，激进的解读是一种潜在的解读，影响着我们对文本的理解。另一方面，小说还可以有其他解读，比如说，对热带地区昏昏欲睡状态的刻画。加西亚·马尔克斯自己曾经说过，小说为读者提供了“现实世界的一种一成不变、具有排他性的图景”[75]。罗宾·菲迪恩分析比较了马尔克斯在这部小说和其他50年代中后期作品中对“单调结构”的描写，认为“能使人联想到罗西里尼和德·西卡”[76]。当然，在一些特定的圈子里——可能是60年代早期的古巴，或者法国、美国左翼知识分子或苏联统治集团——有人见到如此显而易见的政治讽喻,会心照不宣地暗自得意;不过,我们还是暂且将其看作是在政治上或者其他方面有若干特定意义的小说,任何一种意义都未必是作家预先设定或者刻意嵌入的。

短篇小说集《大妈妈的葬礼》表明,加西亚·马尔克斯的短篇小说可以带给读者强有力的视觉形象,过目难忘;对话简洁精彩,描写精确到位,擅长营造氛围。例如,《礼拜二午睡时刻》("Tuesday Siesta")的第一个段落展示了精心挑选的细节(整齐对称、无边无际的香蕉种植园;扑面而来的风,随着火车从海边往内地行驶,越来越弱;吊着电风扇的办公室;棕榈树),在读者脑海里形成生动的视觉图像。小说很少评论,叙述像相机镜头一样客观,这就让读者目睹事件的展开,慢慢地才能体会到其重要性——我们随着一位无名女士和她同样无名的女儿,经过一段旅途,去悼念试图入室抢劫时被杀死的儿子,抢劫现场是蕾维卡的家,弄清楚这些情节,小说已经过了一半。[77]对话十分简洁,冷嘲热讽,令人啼笑皆非,其中一段堪称马尔克斯的对话佳作。女人告诉神父,她每吃一口东西,都能尝到牙齿的味道,是儿子为了养活她所敲掉的牙齿,神父说:"主的意愿高深莫测。"(第119页)《此镇无贼》("En este pueblo no hay ladrones")的结尾峰回路转,出人意料,罗克透露,他一定会要达马索归还跟台球一起"被盗"的两百"比索"(第125—155页,第155页)。

这些短篇小说像简短精美的小品文,犹如幻灯片一样反映了哥伦比亚香蕉产区的生活,放在一起看,会更加有意思。比如,在《巴尔塔萨的一个奇特的下午》("La prodigiosa tarde de Baltasar")里,巴尔塔萨没等何塞·蒙铁尔的儿子付钱,就把笼子给他了(第

156—164 页，第 163 页)，看起来是得不偿失；但是，如果跟《蒙铁尔寡妇》(“La viuda de Montiel”，第 165—172 页)放在一起看，我们就会明白，巴尔塔萨其实是占了上风。原来，蒙铁尔是个罪恶的暴君，以前从来没有让任何人在他家里向他发号施令，因此，《巴尔塔萨的一个奇特的下午》是受压迫的人在没有胜算的情况下得胜的故事。通过不要对方付款的举动，巴尔塔萨解构了资本主义。这些短篇小说还像望远显微镜一样，让我们看到马孔多世界的浮光掠影；五年之后，这个世界将整合出现在《百年孤独》的框架中。在《周六后的一天》(“Un día después del sábado”)里，我们看到在蕾维卡家里死去的贼，就是何塞·阿卡迪奥·布恩迪亚，上校的哥哥(第 173—197 页，第 181 页)，我们会在《百年孤独》里再次遇见他。[78]有些故事没有确切的结局，比如《蒙铁尔寡妇》《周六后的一天》和《纸做的玫瑰花》(第 198—204 页)，好像这些短篇小说是作家的练笔之作，在为写《百年孤独》而磨炼叙事的艺术。

这个短篇小说集子里的杰作是《某日》。罗宾·菲迪恩注意到，这篇作品是“1958 年 3 月份前”写就的。[79]这是加西亚·马尔克斯作品中出现政治讽喻最清晰的例子。小说长度不到四页纸，写的是牙医奥雷良诺·埃斯科瓦尔和镇长(没有名字)之间喜剧性的对抗，但是故事所展示的却是更大的画面。埃内斯托·博尔肯宁指出：“牙疼带有形而上的维度，迫使作为暴君的病人直面自己孤家寡人的悲剧。”[80]牙医迫使镇长同意在拔牙时不用麻药，并且在把牙拔出来的时候说道：“中尉，这颗牙偿还了你欠下我们的二十条人命。”[81]这句话告诉我们，镇长压迫民众，肆无忌惮地杀害了二十个政治对手（“自由派”的牙医与这些人是同一条战线的）。小说艺术的绝妙一笔出现在故事夸张的结局处（第26页）：

> “把账单给我送过去。”他说。
>
> “送你家还是送到镇议会厅？”
>
> 镇长根本没抬眼看他。他关上门，透过铁格栅说：
>
> “没什么区别。”

这就有如象形符号，在无法无天、腐败和国家政权之间画了等号，撕开了国家话语修辞的面纱，这样的话语从西班牙征服殖民地开始，一直占据着统治地位。如此简洁明快的妙笔足以让T. S.艾略特之辈汗颜——拉丁美洲的政治讽喻就诞生在这短短的三十一个单词里。

第四章

“连我都会无法跟自己相处”[1]

2007年12月在新拉美电影基金会见到加西亚·马尔克斯，我对他说，非常荣幸能够见到美洲的塞万提斯，这让他有点难堪。他告诉我，不要这样说他，因为朋友们会无法跟他相处（包括胡利奥·加西亚·埃斯皮诺萨，他当时也在场）；真的，他补充说道，“连我都会无法跟自己相处”（ni me aguanto yo）。对于研究过马尔克斯作品的人来说，他内心这种双重人格的感觉，并不新奇。在博尔赫斯的名篇《博尔赫斯与我》里，我们能够看到类似的错位感：

> 事情发生在另一个博尔赫斯身上。我在布宜诺斯艾利斯转悠，渐渐放慢脚步，可能已经有点机械了，看看这个拱顶似的门口，那个祭坛似的门；收到信件，我知道有个博尔赫斯，在教授名单上或者人物传略辞典里，我看见他的名字……说我们之间有敌意，那是夸张；我活

着，也让自己活着，这样博尔赫斯就能营造他的文学，从而让我有存在的必要……渐渐地，我正在把一切都让给他……[1]

众所周知，在马尔克斯艺术趋向成熟的过程中，尤其是40和50年代，博尔赫斯作品对他的影响至关重要。不难想象，马尔克斯和博尔赫斯一样，也会感觉到平常人和作家两者之间的裂痕，并因此而烦恼，这种感觉在《百年孤独》发表之前的好几年里，最为突出。博尔赫斯式的困境是无法解脱的；他那篇散文的最后一句是："我不知道现在两个人中谁正在执笔。"[2]我将会论证，博尔赫斯式的困境，为阐释马尔克斯作品中现实与想象的作用提供了的线索。[3]

很多人认为是《百年孤独》让马尔克斯获得了诺贝尔文学奖，我们暂且回到这本书发表之前的年月吧。他这时在墨西哥城，改行写电影脚本，写出了好几个脚本，包括根据胡安·鲁尔福同名短篇小说改编的《金鸡》(*The Golden Cockerel*，1964)和阿图罗·里普斯坦导演的《死亡时刻》(*Time to Die*，1964)。[4] 1964年10月，他参与拍摄根据他的短篇小说《此镇无贼》改编的电影，影片于1965年9月9日上映，马尔克斯扮演收票员，路易斯·布努埃尔演神父，胡安·鲁尔福演一个玩多米诺牌的人。[5]虽然这些影片有点怀旧的魅力，回想起来，马尔克斯显然是在徘徊，躲避小说家的命运。[6] 1972年，马尔克斯告诉威廉·肯尼迪，在墨西哥城那段时光令他感到窒息："我在电影里做的，都不是我自己的东西。拍电影是合作，每个人的想法都凑在一起：导演的，还有演员的。我能够做的非常有限，这时我才体会到，写小说的时候，作者能够掌控一切。”[7]意识到对电影的着迷起了反作用，促使他重新回到小说创作。在与米格尔·费尔南德斯-布拉索的访谈中，加西亚·马尔克斯说：

我过去一直相信，电影有非常强大的视觉效果，因此是最具表现能力的媒体。《百年孤独》之前，我所有的书都因为这个想法而缺乏生气。过分关注人物和场景的视觉形象，斤斤计较对话和情节展开的时间搭配，甚至还非常执着于如何展示叙事角度和框架。然而，在电影行业工作期间，我不但认识到什么是可以做的，还认识到什么是做不到的；我觉得，与其他叙事元素相比，形象占上风，这固然是优势，但同时也是一种局限。这一切在当时是让我恍然大悟的发现，因为，我意识到小说有无限的可能性。[8]

这个时期是马尔克斯生活的关键转折点。1965 年在墨西哥城接受路易斯·哈斯采访的时候，他明显流露出了忐忑不安的情绪（1964 年 9 月至 1966 年 8 月，哈斯和芭芭拉·多曼采访了当时拉丁美洲文学界所有重量级人物）。[9]哈斯对马尔克斯的采访记录感觉敏锐、富有想象力，我们从中得以窥见一个专心致志于自己的想法、焦躁不安的作家：

他有个习惯，会为自己的想法感到意外。这会儿——夜幕里弥漫着香气，充满了惊喜——他躺在床上，像个接受心理分析治疗的病人，不停地抽烟。他语速很快，捕捉着从头脑里掠过的各种想法，翻来覆去，好像叠纸船似的，跟着这些想法，从这头钻进去，从那头钻出来，还没等抓住，就不知所终了。从他满不在乎的语气里，可以听出深藏的逆流，说明他的漫不经心其实是一种策略。他有倾听自己说话的习惯，好像正在使劲儿偷听隔壁房间里时断时续的对话。没说出来的才是最要紧的。[10]

这段描写引人注目的是双重人格的感觉。路易斯·哈斯看出来，加博感觉到还有另一个自我；而且，犹如塞萨尔·巴列霍写的关于自己的诗（“塞萨尔·巴列霍已经死去”，“塞萨尔·巴列霍，我温柔地恨着你”）[11]，加博有时会因为把自己看作另一个自我而感到惊奇。哈斯觉得，加博仿佛是在给自己做心理分析，由于内在的马尔克斯试图浮现出来而不知所措。

哈斯 60 年代中期去见马尔克斯时，作者的名作《百年孤独》正在心中萌芽。普利尼奥·阿普莱约问他，是不是真的从 18 岁起，一直在写着同一本书，也就是《百年孤独》，马尔克斯答道：“是的，那本书叫《大屋》，因为我曾经想，整个故事都将发生在布恩迪亚家里。”[12]在同一次采访里，他还提到，故事不断地在他脑子里“转圈儿”，“又转了十五年，我还是无法找到准确的调子。总得让我自己觉得有真实感才行”。[13]后来，启动整部小说的灵感出现了。1965 年 7 月 9 日，他决定带全家去阿卡布尔科度假，从墨西哥城到阿卡布尔科的路上,小说突然成形了:"有一天,我和梅塞德斯带着孩子们开车去阿卡布尔科,在路上,我突然明白过来:我一定要像外婆给我讲故事那样去讲这个故事。"小说的第一句话浮现在他的脑海:"多年以后,奥雷良诺·布恩迪亚上校面对着行刑队的时候……"马尔克斯对小说浮现在他脑海时的这段经历的描述,让我们感到似乎故事已经写就,他只不过是个抄写者。阿普莱约与马尔克斯有一段对话,十分生动:

> 问:你在公路上直接掉头回去,开始动笔了,是这样吗?
>
> 答:没错,我根本没去阿卡布尔科。
>
> (《番石榴飘香》第 74 页)

他掉过头,直接开回墨西哥城,开始写那部将会改变他命运的小说。

加西亚·马尔克斯 1965 年 7 月开始写《百年孤独》,1966 年 8 月大功告成,[15]这期间不但放弃了写电影脚本,也放弃了新闻写作。在这段时间,文学方面唯一值得一提的是,作者授权的《恶时辰》于 1966 年在墨西哥出版。马尔克斯在墨西哥城公寓一个小房间里专心致志地写小说,这个房间后来被称为"梅尔加德斯工作间"。小说也曾经用来抵债,诚如马尔克斯所言:"从一开始,出版的事儿八字还没一撇,这本书就给所有接触到的人带来神奇的影响,朋友、秘书,甚至还有像卖肉的,或者我们房东之类的人,他们等着我写完,好把赊下的账还给他们。"[16]房东路易斯·库迪里耶同意让马尔克斯先欠着房租,等了将近一年,直到小说写完。马尔克斯每写好一部分,就先打出来,拿去给他的打字员"佩拉"(埃斯佩兰萨·阿雷萨),再由她打出誊正本。1966 年初,马尔克斯把他那辆白色的欧宝车卖了。卖车的钱花完了,他和梅塞德斯不得不把所有东西都送进当铺:电视、冰箱、收音机、珠宝。加博这回真是把自己的生命写进小说里了,写到第十三章,不得不让奥雷良诺·布恩迪亚上校死去时,他深感悲哀,上床哭了两个小时。[17]

终于,《百年孤独》完成了。1966 年 8 月初,马尔克斯和梅塞德斯带上小说去邮局,准备寄往在布宜诺斯艾利斯的南美出版社。书稿有 490 页,他们两人一共只有 50 比索,只够半本书稿的邮费。他们只好回家,再典当一些家当,然后回到邮局把剩下那部分书稿寄过去。南美出版社编辑帕科·波鲁瓦看过书稿后,告诉阿尔瓦罗·穆蒂斯,小说"棒极了"[18]。小说起初准备印 3000 册,后来增加到 5000 册;开印前两个礼拜,因为小说被大肆宣传,又增加到 8000 册。一周之后,小说售出 1800 册,已经高居畅销书排行榜第三位,对一个"新"作家来说,这是闻所未闻的。小说后来的成功,批评家的赞赏奉承,源源不断的大量增印,这一切都始料未及,连马尔克斯自己都感到意外。几周之内,小说成了国际畅销书,[19]典型的"一书定终生"[20]。

《活着为了讲述生活》明确告诉读者,《百年孤独》在很大程度上依据加西亚·马尔克斯早年的家庭生活细节;哥伦比亚的阿拉卡塔卡成了故事中的马孔多。[21]例如,路易莎·桑蒂阿加对加博说过,她不想让家族的血脉满世界晃荡,这句话无疑成就了书中一段非凡的描写；何塞·阿卡迪奥被杀害之后，血在街上流淌：

> 一缕鲜血从门缝下淌出来，经过客厅，流到街上，笔直地淌过高低不平的坡路，走下台阶，爬上街坎儿，经过土耳其人街，往右拐，再左拐，在布恩迪亚宅子跟前掉了个头，从紧闭的大门底下钻进去，紧贴着墙根儿，穿过客厅，免得弄脏了地上的小地毯，接着进了另一个客厅，画一条弧线躲过餐桌的桌腿儿，顺着海棠花长廊流淌出去，从阿马兰塔椅子底下钻过去，没让她看见（她正在教奥雷良诺·何塞学算术），然后，从食物储存室穿出去，来到厨房，乌苏娜正准备磕36个鸡蛋做面包。[22]

这段描写十分神奇，但是也有自然主义的详尽细致；比如，血迹经过的坡路是“高低不平”的，鲜血紧贴着墙根儿“免得弄脏地上的小地毯”。连乌苏娜在厨房准备做面包，要磕多少个鸡蛋都告诉了我们。鲜血自动流淌回家是神奇的，详尽的细节却让这件事有了貌似逼真的光泽。确实，加西亚·马尔克斯的虚拟世界是个滴水不漏的天地，里面所有东西都遵循特定的逻辑。这片天地自成一体——这是马里奥·巴尔加斯·略萨在其巨著《一个弑神者的故事》里首先发现，并加以分析的——立足于一个双重命题：以自然的笔法写超自然事物，以超自然的手法展现自然事物。因此，马尔克斯虚拟世界的规律，既非完全超自然，亦非完全自然，而是两者动感的融合。

《百年孤独》描述了宇宙规律，特别是科学和历史规律，但并不是当作不言自喻的客观事实，反而像是人们想象出来的非自然神奇现象。[23]例如，第一章里吉普赛人来了，他们让马孔多人见识了各种自然的，或者人造的东西，比如磁铁、望远镜、放大镜，甚至还有假牙。马尔克斯对磁铁的描写很典型。迈克尔·法拉第（1791—1867）和约翰·廷德尔（1820—1893）等物理学家，对磁铁的特性作过理性的、有条理的解释，然而梅尔加德斯却作出了泛灵论的解释："事物都有自己的生命……就看你怎么唤醒它们的灵魂了。"（《百年孤独》第9页）[24]马尔克斯能够将科学事实写成无边无际的幻想，最突出的例子是，何·阿·布恩迪亚从书房出来，有一个古希腊天文学家托勒密前的重大发现：地球是圆的。乌苏娜脚踏实地，从来不轻信，她巧妙的质问，把自然转变成了超自然：

> "地球是圆的，像个橘子。"
>
> 乌苏娜不耐烦了。"你一定要发疯，就自个儿去发吧！"她喊道，"别把你那些吉普赛人的胡思乱想，塞进孩子们的脑袋里。"
>
> （《百年孤独》第12页）

后来，小说中与现代先进技术有关的商品，比如电、电影院、留声机和电话，来到马孔多，迎来当地居民一片惊叹。"这么多如此不可思议的发明，令马孔多人眼花缭乱，连惊讶都来不及。"（第185页）[25]

1969 年加西亚 · 马尔克斯与首版《百年孤独》

现代化出现在小说中，最初是单纯、幽默的逗乐，比如吉普赛人的小伎俩、假牙，火车被说成“后面拖着个村子的厨房”等等（第 184 页）；但是，当现代化露出真面目，成了给美国资本主义打前站的，《百年孤独》的政治色彩也随之展现。第一个迹象是赫伯特先生吃香蕉（第 186 页），他端详揣摩，仿佛香蕉是一颗钻石似的，接着，一伙工程师、农艺家、水文学家、地形勘测员和土地丈量员来了，研究深入继续（第 187 页）。值得注意的是，外国佬没有透露他们的计划;赫伯特先生"守口如瓶,谁也不知道他想干什么"(第187页)。布朗先生带着一群穿黑衣服的律师来到马孔多,镇上居民的无知再次得到印证:"马孔多疑虑重重的居民还没来得及纳闷这是什么鬼名堂,锌皮顶的木房子已经拔地而起,把镇子变成了营地,里面住的是从世界各地搭火车来的外国人。"(第187页)外国佬的财力好像只有上帝比得上(第188页),他们在马孔多镇外建造了自己的镇子,不可挽回地改变了马孔多(雨变了,庄稼周期变了,就连河流的方向也变了;第188页);即便如此,"还是没人知道他们想干什么"(第188页)。奥雷良诺·布恩迪亚言简意赅地表达了他们的沮丧:"看看咱们给自己惹的麻烦……就因为请一个外国佬吃了点儿香蕉。"(第189页)这是小说里初露端倪的暗示,拉丁美洲与现代社会的接触——就像赫拉克勒斯从他妻子那里拿来的有毒长袍一样——最终会导致毁灭性的结局。

事实上,第一个把香蕉推向市场的外国佬是米诺·基斯,1871年他在哥斯达黎加发现了香蕉,后来又在1899年成立了联合果品公司,但是果品公司对当地人的盘剥,无论是在哥斯达黎加,还是在哥伦比亚、古巴、尼加拉瓜和巴拿马都一样。随着香蕉公司的到来——这当然就是指联合果品公司,虽然从来没有直接点名——当地公职人员被"独裁的外国人"所取代(第196页)。独裁导致的滥用权力集中体现在这样一个事件里:一个七岁的男孩子,不小心把饮料撒在警察身上,结果被警察杀害,男孩的祖父也被砍头(第196页)。奥雷良诺·布恩迪亚上校的反应是怪罪外国佬,在他看来,这一切都是他们造成的,他威胁道:"总有一天……我要把儿子都武装起来,赶走这些狗屁外国佬!"(第197

页）结果，他十七个儿子都被“隐形罪犯”（第 197 页）枪杀了；虽然始终没有搞清楚凶手的身份，不言而喻的是，这是外国佬干的。斗争很快就转化为赤裸裸的政治斗争。何塞·阿卡迪奥第二参与工会活动，他马上就成了制造麻烦的人：“有人指认他是某个破坏公共秩序的国际阴谋组织的特务”（第 242 页）。紧张局势不断升级，直到军队与香蕉工人之间发生直接冲突，三千死人被抛入大海：“他看见男人尸体、女人尸体、孩子尸体，像废品香蕉一样被丢进海里”（第 250 页）。“像‘废品香蕉’一样被丢弃”，马尔克斯用这句话把工人的职业和他们死去的方式联系在一起。连尸体堆积在一起的样子，都让阿卡迪奥第二想起堆香蕉的情景：“把尸体放到车上的人，还有时间像运香蕉一样，把尸体堆起来”（笔者修改了译文；第 247 页）。尽管阿卡迪奥第二的回忆有点像幻觉，他所说的“肯定有三千人”（第 251 页），听起来是可信的。从此马孔多走向衰落，布朗先生其实是个推诿的人，他答应重续合同，但是必须等雨停（第 252 页），最终香蕉种植园被关闭；再后来，一场“像《圣经》里所描述的飓风”将香蕉园彻底摧毁（第336 页）。

马尔克斯在《百年孤独》第十五章提及的死亡人数——三千多——一直有争议，因为这跟政府的说法大相径庭。1928 年 11 月 13 日至 1929 年 3 月 15 日之间，马格达莱纳地区出现了骚乱，有关这次骚乱的官方报告是 1929 年公布的。这份题为《香蕉园事件》（*Los sucesos de las bananeras*）的报告由卡洛斯·科尔特斯·巴尔加斯将军撰写[26]，其中提到 1928 年 12 月 6 日发生在西安纳加的起义（第 66 页），死亡人数为九人，在塞维利亚种植园起义的死亡人数为 29 人（第 103—104 页）。批评界普遍认为，《百年孤独》第十五章所描述的罢工，依据的是1928年12月6日发生在西安纳加的起义，这次起义之前，在联合果品公司所属的西安纳加香蕉种植园，工人举行了长达一个月的罢工。[27]马尔克斯在回忆录里强调，他用3000这个数字是为了反映这个事件在当时引起的义愤：

> 我把死亡数字写成三千，是为了充分表现这个戏剧性事件史诗般的壮阔；最后，现实还是证明我说对了：不久前，在这个悲剧的某个纪念日，参议院正在发言的人请各位默哀一分钟，纪念被执法部队所杀害的三千名无名烈士。[28]

加西亚·马尔克斯对这次事件肯定做过独立研究，根据他弟弟海梅的回忆，他让海梅去西安纳加，搞清楚在1928年灾难性的那一天将军说了什么，给了罢工者多少时间解散，以及工人是如何反应的。海梅为马尔克斯提供了一个重要细节：将军下令让工人在一分钟之内离开，得到的回应是人群里的喊声："Le regalamos el minuto que falta"（大致可以翻译成："把这一分钟塞进你屁眼儿吧"）。海梅一直以为这是他的重大发现，直到多年之后，加博告诉弟弟，这句话早就众所周知了。[29]

的确，这句厚脸皮的话也出现在这个事件的官方报告里。报告执笔人卡洛斯·科尔特斯·巴尔加斯将军如是说："在最后那分钟，我们喊道：'退下去，不然就开枪了。''把剩下那分钟塞进你屁眼儿吧！'人群里有人喊道。"[30]根据将军的描述，开枪和"卧倒"

的命令是同时发出的，第一阵枪声过后，就再没有开枪了，工人们爬起来，四处逃散；[31]不过，后来的研究表明科尔特斯·巴尔加斯的数字显然偏低。[32]马尔克斯所说的3000死亡数字很可能来自当时的报道，很多报道提到，有3000罢工者包围了军队。[33]即便如此，我们还是不知道三千多人被杀这个数字从何而来，尽管马尔克斯在自传里非常有说服力地为这个数字作出了辩解。我们可以设问：这会不会仅仅是记忆错误呢？

回顾《时代报》所刊登的证据（路易斯·安赫尔·阿朗戈图书馆没有收藏1928年的《观察家报》），我们可以清晰地看到，香蕉种植园起义是哥伦比亚历史上最接近革命的一次事件；考虑到罢工的政治含义，以及这实际上是一场涉及土地、财产和农产品所有权的斗争，这次事件可以与十年前在北面发生的墨西哥革命相提并论。军方所有报告都清晰无误地表明，起义被看作是政治事件。阿方索·坎波·塞拉诺上尉在一封电报里提到："局势急剧恶化。共产主义分子刚刚摧毁香蕉地区电话线。"[34]在当天《时代报》第四版刊登的报道《卡洛斯·科尔特斯·巴尔加斯将军慎重的报告》里，我们读到："有传单在流传，号召士兵们追随共产主义。香蕉产区罢工者的组织能力让人感到意外。"（第4页）一场政治革命在哥伦比亚一触即发——虽然结果成为"从未发生过的哥伦比亚革命"——这可以解释为什么马尔克斯对哥伦比亚这段历史有如此浓厚的兴趣，当然，也因为这是发生在他家门口的事儿。

仔细研究马尔克斯在小说中如何描述西安纳加革命，我们会清楚地看到，如前所述，对事件的刻画在某个层面上仿佛是错误

西安纳加中心广场的香蕉大屠杀烈士纪念雕像

记忆。除了3000死亡人数,还有什么被改变了呢?前面提到,根据官方报告的记录,“Le regalamos el minuto que falta”这句话来自面目不清的人群;而在马尔克斯的描述中,喊出这句话的是何塞·阿卡迪奥第二(《百年孤独》第242页)。这意味着,马尔克斯实际上是把自己的家庭写进了起义的历史,因为,在某个层面上,小说中的人物应该被看作是阿拉卡塔卡老宅子里的家庭成员(《百年孤独》原来的书名是《大屋》,指的应该就是外公家的大宅子,马尔克斯九岁前一直生活在那里)。[35]其实,这也是记忆错误,因为马尔克斯的家庭成员并没有卷入历史上这场起义。我们可以确信这一点,是因为有关起义的官方报告里,公布了54人的姓名,他们因为挑起动乱而被定罪,其中没有一个是姓加西亚或者马尔克斯的,连姓伊瓜兰的都没有(加西亚·马尔克斯母亲的第二个姓)。[36]其实这也在意料之中,马尔克斯的外公跟联合果品公司关系很好,根据玛戈特的回忆,"联合果品公司那些外国佬在香蕉种植园的商店,就在我们家对面。我也不知道为什么,不过我外公能在那间商店买东西,可能因为他是镇长和镇上的财务官,也是镇上最重要的自由党吧"[37]。这样看来,马尔克斯把何塞·阿卡迪奥第二写成反抗联合果品公司斗争的煽动者和首领,实际上是为他的家庭创造了并不存在的革命出身。此外,值得注意的是,通过一个有名有姓的人,小说在语义上重新定义芸芸众生,赋予群众抗争的原动力;换言之,作者给了面目不清的群众一个名字、一张脸。原来只是人群中的一个声音,现在成了一个"真实"人物:何塞·阿卡迪奥第二;我们在马尔克斯对波哥大动乱的描述中已经见识过这个技巧(见本书第2章)。

在加西亚·马尔克斯对哥伦比亚香蕉种植园失败革命的描写中,还有一点十分重要。作家对各种暴力之间的相互作用极其敏感,包括肢体暴力、军事暴力和认知方面的暴力。政府,尤其是陆军部长伊格纳西奥·伦西福博士非常清楚,要赢得针对颠覆者的战争,不但需要武器,还需要语言。伦西福严格控制对这场冲突的知情权,有选择地向报界发布公告,《时代报》闻到味儿不对,对此提出了抱怨。《时代报》显然不看好军方的行动,质疑官方报道是否真实，甚至采取极端行动，刊登了煽风点火的讽刺漫画，画上的伦西福容忍军队枪杀手无寸铁的人。[38]《时代报》还在一篇社论里提出，对造成这么多人死亡的事件必须启动官方调查，查明真相，[39]并且抱怨，有关这场冲突唯一的信息渠道是官方许可的公告。[40]在当时，西安纳加起义明显不是孤立的群体事件；塞维利亚种植园、圣玛尔塔和阿拉卡塔卡都出现过罢工和社会动乱。况且，科尔特斯·巴尔加斯将军接到命令，追捕煽动罢工的人，我们可以从1928年12月11日《时代报》上刊登的一篇报道的标题得知这一点：《科尔特斯·巴尔加斯将军开始秋后算账》（"El General Cortés Varga activa la persecucion"）。[41]这确实是哥伦比亚第一次体验赤裸裸的意识形态话语，电报这项新技术的便利，让大量可能是相互矛盾的信息广为流传，对信息流通手段的控制成为意识形态战场上的中心战役；相形之下，对千日战争的报道就显得慢悠悠的了。马尔克斯用优雅而幽默的笔法记录了这场辛辣的文字斗争，他这样描写事件的政府官方版本："被政府能够找到的所有通讯渠道重复了一千遍，在全国上下蹂躏了一番之后，官方版本终于被接受了；没有死人，心满意足的工人回家去了，香蕉公司暂停一切活动，等待雨停。"（《百年孤独》第252页）我们可以看到，加西亚·马尔克斯的小说反衬波哥大控制的官方版本。他的政治讽刺[42]以错误记忆为武器，颠覆了国家的认知暴力。马尔克斯所体会到的博尔赫斯困境——普通人自我和作者自我之间的辩证关系——使他对话语的虚妄有深切的敏感。正如他让错误记忆战胜记忆，作家自我战胜普通人自我，同样，他不可思议地以自己"谎言"的真实，战胜了政府"真实"掩盖下的谎言。[43]

在小说的政治高潮,即左派和右派之争造成的政治紧张局势终于引发暴力之时,马尔克斯十分有创意地给了读者一个意外。军队在马孔多(即西安纳加)的中心广场朝工人开枪之后,何塞·阿卡迪奥第二醒过来,发现自己在一列火车上,躺在一堆死人上面,火车正朝着不知什么地方隆隆开去(第250页)。他搜遍了所有车厢,估计那列火车大概有两百节车厢(第250页);他跳下车,走回马孔多,进了一个女人的家,在那里清洗了伤口,发现别人不相信他对大屠杀的叙述,又去加维兰上校家敲门,结果被拒之门外;后来他回到家里,把大屠杀的事儿告诉他的孪生兄弟奥雷良诺第二,但是他的故事再次遭到质疑。他躲藏在家中的梅尔加德斯工作间,军队来搜查的时候,读者以为他会被抓起来。然而,出乎意料的事情发生了,读者不得不重新解读前面所读到的内容。当官的让家里人打开梅尔加德斯工作间;他先用灯笼在房间里搜索一番,灯笼"照到何塞·阿卡迪奥第二脸上的时候,奥雷良诺第二和圣索菲亚·德拉彼达能看见他那双像阿拉伯人似的眼睛"(第253—254页),可是那军官什么也没看见;他又第二次点亮了灯笼,还是没有看见何塞·阿卡迪奥第二,"他停了一会儿,盯着奥雷良诺第二和圣索菲亚·德拉彼达还能看见何塞·阿卡迪奥第二的那块儿地方,这时何塞·阿卡迪奥第二也意识到,这当兵的看着他,却没有看见他"(第254页)。读到军官的结论——"显然那房间里上百年都没进去过人了"(第254页)——我们才恍然大悟,既然军官感觉不到他的存在,何塞·阿卡迪奥第二很可能是个幽灵,于是,就像电影《第六感》一样,我们被故事吸引着,重新回到前面的叙述中,寻找何塞·阿卡迪奥第二已经死了的可能性。

确实,故事中有细节显示,何塞·阿卡迪奥第二已经死了。首先,何塞·阿卡迪奥第二醒来之后,对他所在那辆火车的印象,颇有些奇怪——火车有两百多节车厢,死人犹如一串串香蕉装在车厢里,而且,虽然他搜遍所有车厢,拿着机关枪的士兵从来没有感觉到他的存在(第 250 页);第二,他跑进一个没有给出名字的女人家里,说出自己的名字,“好让他自己相信他还活着”(笔者对译文作了修改,第 247 页)[44],而那个女人对他的第一印象是,他是个“幽灵”,因为他身上“带着死亡的肃穆”(第 250 页)。另外一个线索是颇具幻觉感的叙述语气:故事似乎没有完整地呈现在我们面前,因此细节对不上号;比方说,为什么加维兰上校的妻子把何塞·阿卡迪奥第二拒之门外?书中是这样写的:“‘他(加维兰上校)走了,’她惊慌地说,‘回国了。’”(第 251 页)仅仅是见到何塞·阿卡迪奥第二,她为什么要惊慌(*asustada*)呢?布恩迪亚家里的人为什么不让费尔南达知道何塞·阿卡迪奥第二就在家里呢?为什么他的故事跟其他人的说法有那么大的出入呢?如果何塞·阿卡迪奥第二被解读为已经死去,因而是个幽灵,除了个别例外,只能被家人看见,这些问题就迎刃而解了,前面提到的叙述特点也有了合理的解释。这种写作手法也是魔幻现实主义的手法,体现了托多洛夫所指出的,梦幻的内在特征,即在对同一事件两相矛盾的解读中摇摆不定:对某些人来说,何塞·阿卡迪奥第二还活着,而对其他人而言,他已经死了。实际上,他所代表的是被国家权威所压制的,来自底层社会的声音。[45]

屠杀香蕉工人事件对小说内在的意识形态讥讽至关重要,展示了加西亚·马尔克斯如何运用魔幻现实主义话语表达作品的政治观点。有关大屠杀事件,何塞·阿卡迪奥第二的版本——三千人被枪杀,装进火车运走,然后“消失”了——与官方版本,“无人死亡”(第252页),形成了强烈对照。而下层社会的声音正是来自幽灵的叙述,幽灵的声音是霸权话语不愿意也不可能“听到”和明白的。幽灵的回忆挑战政府、军队和媒体,在这个语境下,谁是赢家已经很清楚了。正如当局所言:“你准是在做梦吧。”(第252页)然而,马尔克斯的文本也表明,下层社会的声音是一个挥之不去的梦。马尔克斯的民粹主义思想——他坚信人民有力量最终以自己的意愿改变社会——是《百年孤独》所传递的终极信息,虽然这个信息,就像何塞·阿卡迪奥第二躲藏在梅尔加德斯工作间里一样,在马尔克斯的文本里秘而不宣。

埃雷拉·索托和卡斯塔涅达在其精彩的历史研究专著《马格达莱纳香蕉产区:历史与词汇》里,记载了1928年12月香蕉产区“大屠杀”之后出现的一些民间传说,其中第四个传说可能进了马尔克斯的小说。故事是这样的:

> 火车带着1000个死人去海边了。他们杀了1000个男人、女人和孩子之后,马上把他们像一串串香蕉一样装进车厢,到码头就扔到海里。血滴到铁轨上,因为死人跟受伤的人混在一起。[46]

然而,埃雷拉·索托和卡斯塔涅达对这个版本提出了质疑。他们认为,这件事只能是发生在西安纳加和圣玛尔塔之间的铁路上；据他们的说法，1928 年 12 月 6 日晚上，有人在圣玛尔塔火车站焦虑地等待消息，但是，没有报道说有火车经过，更别说载着几千死尸的火车了。同时，他们还问道，既然后来没有在圣玛尔塔海湾发现尸体，这件事怎么可能发生呢？（第 74—75 页）尽管根据埃雷拉·索托和卡斯塔涅达的研究，传说并没有现实依据，但是马尔克斯在《百年孤独》里写这段故事的时候，用的显然是这个广为流传的版本。从埃雷拉·索托和卡斯塔涅达的角度看，第十五章对“大屠杀”的刻画是民众创造的错误记忆。我们的讨论揭示了重要的一点：马尔克斯对大屠杀事件的陈述并不是空穴来风，他融会贯通了若干资料来源，包括民间流行的故事和新闻报道，[47]从而创造性地建立起有说服力的错误记忆。自从 1967 年《百年孤独》发表之后，小说创作的版本反客为主，让其他有关大屠杀事件的叙述都相形见绌。然而，问题依然没有解决：几千具尸体被送进海里的民间传说，到底有没有真实可言？[48]这些民间传说仅仅是社会意义上的错误记忆吗？

有一个不可能被说成是受到加西亚·马尔克斯小说影响的人，他就是豪尔赫·埃列塞尔·盖坦，大屠杀事件发生时，他是一位年轻的国会议员。1929 年 9 月他就香蕉产区发生的事情在下议院发言。在长达四天的发言中（1929 年 9 月 3 日至 6 日）[49]，盖坦首先朗读了阿拉卡塔卡神父的一封信，信中描述了军队针对妇女儿童的暴行，盖坦甚至在下议院拿出一个孩子的头骨给大家看。盖坦发言中展示的各种文件非常雄辩，对整个事件的描述与科尔特斯·巴尔加斯将军的报告截然相反。其中一位目击者，本哈明·雷斯特雷波提到，军方先是开了一阵机关枪，然后开始用步枪向工人射击，持续了五分钟，最后用刺刀干掉了受伤的人；死人用火车运走，扔进了海里。[50]军队先是开机关枪，然后用步枪射击了大约五分钟，这个版本也出现在另外一名目击者 H.马丁内斯·M. 的证词里（第 123 页）。另外还有有人被活埋的说法（第 125 页）。可能在盖坦发言稿里最匪夷所思的，是一位姓马尔克斯的年轻人的遭遇，1928 年 12 月 6 日清晨大约 4 点半，他在西安纳加火车站被军队杀死。路易莎·罗伊如是说：

> 大概是早晨 4 点 30 分的样子，我到火车站，等去圣玛尔塔的火车。就在车站附近，他们装卸冰块儿的地方，有一个姓马尔克斯的年轻人受伤了，正在垂死挣扎。这年轻人穿一身深褐色的衣服（西班牙原文是“巧克力色”）。有 25 个人在那儿，准备把他埋了，我看见他们还用刺刀扎他，每个人都扎一刀，直到他没命了。接着他们转过身来，看见我，一个士兵用枪把儿朝我打过来，打中我的眼睛，把我打倒在地上。然后，我就跑了。（第 128 页）

这份证词让我们得以重新审视何塞·阿卡迪奥第二在《百年孤独》里扮演的角色，以及他的故事在多大程度上是依据这类报道的。诚如前述，被捕人员记录里没有姓加西亚、马尔克斯、马丁内斯或者伊瓜兰的，但是，我们现在看到，当时一篇报道中提到过，有一个姓马尔克斯的年轻人，于 1928 年 12 月 6 日在西安纳加火车站被刺刀扎死。

问题是,这个人跟加西亚·马尔克斯是否有亲戚关系?表面上看,这似乎不太可能,不过,我们前面也说过,有证据表明,马尔克斯的外公至少生了12个私生子。[51]杰拉德·马丁书中的家族谱列举了这些私生子中九人的姓名,另外三个或者更多私生子归类在"其他未知姓名者"的框框里。[52]路易莎·罗伊证词里说到的,那个被杀死的姓马尔克斯的年轻人,也许就是放在"其他未知姓名者"里面的一个私生子,这种可能性虽然微乎其微,但也不是完全不可想象。

如果我们这个猜测成立,这个穿着深褐色衣服的人,实际上就是加西亚·马尔克斯的私生舅舅,《百年孤独》里的何塞·阿卡迪奥第二就是以他为原型。何塞·阿卡迪奥第二在大屠杀中死去,同时也佐证了这场大屠杀;虽然,如前所述,他也可以被解读为是个幽灵。马尔克斯的文本在这点上是模棱两可的:其实,何塞·阿卡迪奥第二回家躲藏在后院房子里的时候,可能已经是个幽灵。

马尔克斯的小说里处处是幽灵,如果何塞·阿卡迪奥第二回家时已经是个幽灵,就为我们解读幽灵开辟了新领域。从马尔克斯的妹妹玛戈特提供的材料里,我们得知,特兰吉利娜惯用迷信话语,批评丈夫的婚外情以及他在"大街上"(哥伦比亚有这样的说法)养的私生子。他的某个私生子在西安纳加被军队杀害的猜测,引出这样的可能性:在阿拉卡塔卡宅子里自由游荡的幽灵,也是所谓的"政治幽灵"。众所周知,外公尼古拉斯跟联合果品公司和下属供销商店关系良好,由于他的实权,他在供销商店买东西不受限制。因此,他的私生子被与联合果品公司结盟的军队杀害这件事，就有了也许没说出来、没表达的讽刺意味。（盖坦认为在香蕉大屠杀事件里，军队不惜牺牲哥伦比亚人民，是联合果品公司坚定的支持者，他的辩词非常有说服力；参见《香蕉大屠杀事件》。[53]）加西亚·马尔克斯童年生活里的幽灵是通奸和联合果品公司的肮脏政治造成的，他们既是政治幽灵，也是道德幽灵，代表了尼古拉斯·马尔克斯和特兰吉利娜·伊瓜兰婚姻中不断出现而且无法克服的困境，他们也构成了小加博出生成长的情感氛围。

由此可见，《百年孤独》是一部错综复杂、层次繁多的小说，可以有几个层面的解读。在最本质的层面，可以把小说看作是马尔克斯在借助想象力，探索自己家谱上纠缠不清的枝枝叶叶；在现实中，50 年代初期到瓜伊拉地区做研究时，他就进行过一番这方面的探索。尼古拉斯·马尔克斯·梅西亚（马尔克斯的外公）和特兰吉利娜·伊瓜兰·科特斯（马尔克斯的外婆）是表兄妹。对此，杰拉德·马丁解释道，“他父亲和她母亲是同母异父的兄妹，都是敢于冒险的胡安尼塔的孩子”，这里说的是 19 世纪早期从西班牙移民哥伦比亚的胡安尼塔·埃尔南德斯。[54]马尔克斯上小学时，家里人告诉他别去接近同班一个小女生；回想起来，他发觉这很可能是因为他跟这小女生有血缘关系。我们可以从小说里看到马尔克斯在自己家谱里找到的盘根错节的枝干。比如，他估计外公有 12 至 19 个私生子，主要是千日战争期间，在哥伦比亚各地辗转作战时生下来的；小说中的奥雷良诺上校有 17 个私生子，他们回到父亲家，后来又被神秘地暗杀了。《百年孤独》戏剧性地展示了乱伦的内在风险；阿卡迪奥差点儿跟自己母亲皮拉·苔列娜犯了乱伦罪——他不知道她是自己的母亲——皮拉把圣索菲亚·德拉彼达送到他床上,这才没有酿成大祸;奥雷良诺·何塞爱上了姑姑阿马兰塔,不过在千钧一发之际,他们得到拯救,没有犯下乱伦之罪;当预示末日的乱伦最终发生的时候,这实际上已经是小说的尾声,奥雷良诺与姐姐阿马兰塔·乌苏娜发生性关系,终于生出长猪尾巴的孩子,导致布恩迪亚家族的灭绝、马孔多的毁灭。

另一方面,小说隐喻了哥伦比亚政治家庭里该隐与亚伯的兄弟相争,即在19世纪和20世纪留下深刻烙印的自由党与保守党之间的血腥搏杀。加西亚·马尔克斯家庭也卷入其中,他父亲是保守党,外公是自由党。小说中所写的自由党为之奋斗的权利之一,是承认私生子的合法权利,在此,国家与家庭这两个层面接轨了。小说两次提到这项权利,尤其是奥雷良诺上校迫于党内温和派的压力,放弃了这项权利的主张;此外,被征兵入伍的人说,他们去打仗,是为了不但可以跟姑姑结婚,还可以跟母亲结婚(第127页),这话的前提也是私生子的权利。这些权利当然不是历史书里讨论的权利,我们从中看到的是马尔克斯如何将政治与个人历史结合在一起。该隐与亚伯的兄弟相争进一步表现为资本主义(以联合果品公司为缩影)和哥伦比亚工人之间的斗争,具体是小说第15章刻画的西安纳加大屠杀事件。在此,政治与家庭两个层面再次接轨,20世纪前30年横扫哥伦比亚北海岸的香蕉热一去不复返,与此相对应的是乱伦造成的穷途末日,正如列维-施特劳斯在《家庭纽带》(*Les Liens de la parenté*)一书中所描述的,乱伦导致人类文化的崩溃。如此这般,《百年孤独》的作者既探索自己家族错综复杂的根源，又分析工人与跨国资本之间的斗争，运用双重身份的主旋律，将两者结合在一起。对乱伦的戒备，源于遇见基因相同的另一半的恐惧，这引出了小说中若干双重身份的表现，集中体现在奥雷良诺第二和何塞·阿卡迪奥第二这对孪生兄弟身上，他们经常被家人、情人当作是对方，以至于最后连坟墓都搞错了（第 287 页）。在第 17 章，奥雷良诺·布恩迪亚觉得他的私生子带给他的是分化、重复与孤独感。[55]小说把这些主题编织在一起，创作出加西亚·马尔克斯小说中最重要的时刻：目睹自己的死亡。

奥雷良诺·布恩迪亚曾经说过，他在等着看自己的葬礼经过，在小说的结尾，奥雷良诺一边读着梅尔加德斯的手稿，一边破解其中密码，果然看见了自己的死亡。奥雷良诺最终破解了梅尔加德斯留下的手稿，这时，他脸上浮现出“恍然大悟的表情”（mirada de segundo reconocimiento；第 296 页），对此，我们可以有多种解读。正如卡洛斯·富恩特斯所言，小说“预先假定了两种解读，因为本身就含有两层意思”[56]。首先，奥雷良诺的表情说明，事过境迁，回过头来看，他能够解开盘根错节的家族史，有所发现，比方说，阿马兰塔·乌苏娜是他姑姑，而非同父异母的姐姐（如果像他原来相信的那样，他是私生子，那么他们就是兄妹关系）；于是，他犯了彻头彻尾的乱伦罪，而不是所谓的一半乱伦。恍然大悟的表情，也让我们留意到，阅读和破解密码体现了奥雷良诺对自我的认识，像俄狄浦斯一样，他在无知的情况下，犯下乱伦罪；梅尔加德斯密码之于他，就像神谕之于俄狄浦斯，成功破解密码的结果是，他恍然大悟，也因此而走向毁灭（相当于俄狄浦斯弄瞎自己的双眼)。[57]恍然大悟至关重要的基础是双重身份的概念,在奥雷良诺实现自我认识的瞬间,双重人格的主题得到了马尔克斯作品中最强有力的艺术表现:正是在这一瞬间,另一个自我与本我合二为一——乱伦其实就是与自我发生性关系——从而导致了人类、历史和文化的崩溃。

第五章

“他领诺贝尔奖为什么要穿得像个厨子?”[1]

1967年《百年孤独》面世,一时间洛阳纸贵,小说被翻译成多种语言,而且创造了一个风靡全球的新体裁:魔幻现实主义。加西亚·马尔克斯将魔幻、现实与政治糅为一体,这显然是胜数很高的配方。1969年《百年孤独》在意大利获得基安奇安诺奖(Chianchiano Prize),在法国获年度最佳外语小说奖;1970年,小说英译本出版,名列美国书评界年度十二部最佳图书。此后,马尔克斯继续沿用魔幻现实主义风格,写了若干部作品,不过,后来以《家长的没落》(1975)为代表的另一种风格渐趋明显。[2]例如,《世界上最漂亮的溺水者》(1968),与其说是短篇小说,不如说是小说技巧练笔之作。这是一个溺水者的故事。几个孩子在海边发现了一名溺水者,人们把他抬到离海边最近的镇子。溺水者英俊魁伟,并因此而几乎成了被尊崇的偶像;人们为他准备了极具“哀荣”的葬礼,村子也用他的名字命名(第105页)。这篇短篇小说宛如《枯枝败叶》的反面镜像,描写的是群体对一个人的爱;这种爱，即便是对一个陌生人，也可以一反常态，将死亡变为拉丁美洲所谓的“好死”。丽贾娜·詹姆斯之所以称其为“乐观的故事”[3]，肯定是看到了这一点。

相类似的写作手法也出现在《幽灵船的最后一次旅行》（1968）。在此，马尔克斯深入挖掘加勒比历史，对超自然事件，幽灵船的最后一次旅行，作出了异常逼真的描写。幽灵的“死亡”应该是自相矛盾的登峰造极，因为逻辑告诉我们，幽灵本来就死了。故事虽然如梦如幻，幽灵船的细节却极为逼真：“庞大的钢铁船壳把大地碾出裂痕，可以清晰地听见九万零五百只香槟酒杯精致破碎的声音，一只接着一只，一个杯脚接着另一个杯脚。”（第128页）小说不断提及附近海岸上居民的穷困潦倒（“山坡上黑人住的棚屋颜色斑驳”，第124页；“房屋让人感到凄凉”，第127页），故意与海上客轮的奢华形成鲜明对照，由此可见加西亚·马尔克斯一贯的写作风格，魔幻外表下总是隐藏着政治讽刺。《巨翅老人》（1968）与《幽灵船》相类似，同时，与《世界上最漂亮的溺水者》一样，也是探索性作品。一位天使从天而降，“脸朝下躺在泥潭里”（第105页），被渔夫贝拉约发现。这位有血有肉的天使，“穿得像个捡破烂的。秃脑壳上只剩几根白发，嘴里没剩下几颗牙”（第105页）。贝拉约和妻子埃丽森达把他放进鸡笼供人观赏，每次收费五分钱。真天使现世，这是多么神奇的事儿，然而，小说中出现了马尔克斯作品中惯用的障眼法，出乎意料的转折让真天使的神奇黯然失色，一个更加难以置信的新奇迹取代了人们对天使的兴趣：“正好，在那些日子里有太多狂欢节的把戏，一个流动表演来到镇上，带来一个因为违抗父母而变成蜘蛛的女人”（第109页）。

曾经是奇迹的天使,终于让人讨厌了,直到有一天他飞走了,“在空中支撑着,像苍老的秃鹰一样,险象环生地扇着翅膀”(第112页)。马尔克斯以这个故事展示他的一个重要主题:魔幻与现实冲突的讽刺意义。

马尔克斯这个时期在政治上最直言不讳的短篇小说,可能是《江湖骗子——好人布拉卡门》(1968)。就像《巨翅老人》一样,这也是探究加勒比狂欢文化的作品,尤其是那些狂欢节上司空见惯的,让加博小时候惊异不已的灵丹妙药、解药和千奇百怪的戏法。故事看起来就像是西班牙流浪汉小说《小癞子》的改写。[4]沿街叫卖的小贩“坏蛋布拉卡门”兜售蛇毒解药,他先让大毒蛇咬自己,做出死里逃生的样子,然后开始向众人推销他的解药。他雇了这篇小说的叙事者“好人布拉卡门”做算命的,他们通过一部叫“痛苦电波”的机器,一起被卷入另一个骗局(第117页);这时小说情节变得险恶起来,马尔克斯这时期短篇小说里常见的政治讽喻出台了:

> 我们逃出一道道印第安人控制的关卡,越是走投无路,传来的消息越是清晰。海军陆战队以消灭黄热病为借口,大举入侵,所到之处,见到熟练的制陶工,或者是后来成为制陶工的,全部被砍头;不光是怕出事儿,把土著人的头给砍了,还为了好玩儿,砍中国人,出于习惯,砍黑人,印度人也砍,因为他们是弄蛇人;然后,他们把动物、植物、所有的矿藏,能毁掉的就全部一扫而光,因为他们有专家,了解我们这儿的情况,专家告诉他们,加

勒比沿海的人有能力改变大自然,把外国佬给弄糊涂。(第 117 页)

这就是加西亚·马尔克斯小说里的政治急转弯。他描写弄蛇者如何起死回生,机器出毛病了,怎么把大活人变成了“一坨红白纹的果冻”;然后,几乎没有任何语气的转换,他描写了北美对加勒比惨无人道的侵略,以至于他们的举动(借口有黄热病而实施侵略,杀害制陶工,杀害土著人、中国人、黑人和印度人,毁灭动植物,耗尽国家的矿藏资源)让读者毫无思想准备,乍一看,好像跟前面的事儿一样不着边际。

然后,读者会恍然大悟:这是对现实中北美毁灭拉丁美洲的政治讽喻。同样恰如其分的是,在美洲印第安神话传说中,相信变形是相当普遍的,而小说改变西方与殖民地的权力均衡,对变形加以重新解读,使其成为反抗西方的策略。当地对超自然的信仰在小说中成了反击美国入侵的武器。然而,政治讽喻不无幽默,减轻了浓厚的政治色彩,使左翼政治更加容易被接受。这体现在小说接近结尾的部分,好人布拉卡门埋葬了坏蛋布拉卡门,墓志铭上写着:“此处安葬死者布拉卡门,他被误称为坏蛋,是欺骗海军陆战队的人,科学的受害者”(第 122 页)。这篇小说的讽刺意味在于,死者布拉卡门是拉丁美洲被剥夺的象征。尽管是科学技术的受害者,他却用魔术欺骗了美国海军陆战队;尽管看起来是死了的坏人(即被西方处决了),好人布拉卡门——既是叙事者,也是马尔克斯本人观点的表述者——却在拉丁美洲反压迫斗争中让他得到了永生。小说结束时,叙事者如是说:“如果他碰巧再次死去，我会让他再次重生，这种惩罚的绝妙之处是，只要我活着，他就会在坟墓里活下去，也就是说他会永远活着”（第 122 页）。在这个意义上，弄蛇者的故事被赋予政治色彩，成为反咬一口的政治讽喻故事。

批评家对马尔克斯作品的评论始于 70 年代，如今相关文学批评汗牛充栋，至今没有哪个拉美作家能够与之匹敌。据估算，大约每周会发表一篇有关马尔克斯的学术文章；学术搜索引擎 JSTOR 在一次最新统计中，列出了 2838 篇有关他的作品的评介或学术文章。[5]马尔克斯确实是难得一见的珍稀鸟类，既能吸引众多读者，还能得到学术界的青睐。[6] 1971 年马里奥·巴尔加斯·略萨发表了第一部研究马尔克斯生平和创作的专著《加西亚·马尔克斯：弑神者的故事》（*García Márquez: historia de un deicidio*），这是一部非凡的学术著作，也是秘鲁最负盛名的作家对马尔克斯的致意。巴尔加斯·略萨的专著就父母和外祖父母对马尔克斯情感和心智成长的影响，提供了重要生平资料，研究了他学会做记者的过程，以及《百年孤独》之前的早期短篇小说。马尔克斯喜欢奇闻轶事，巴尔加斯·略萨对此有独到见解：

> 对他而言，所有事情都能变成故事，变成他记得的或者能轻而易举创造出来的段子。政治或者文学上的观点、对其他人的评判、不同的国家或者事物、计划或者抱负：所有这一切都变成轶事，而且也通过轶事得到表达。他的才智、他的文化以及他的敏感，都有可触摸的个人烙印，非常奇特，具有张扬的反知识、反理性倾向，

对抽象思维有极其强烈的反感。在他身旁，生活变成飞流直下的轶事。[7]

巴尔加斯·略萨的书，处处渗透着他对这位哥伦比亚作家的仰慕，然而，仰慕很快变成了不愉快。1968 年古巴诗人埃维尔托·帕迪利亚丢掉了记者的工作，因为他批评革命作家利桑德罗·奥特罗而赞颂反革命作家吉列尔莫·卡夫雷拉·因方特；1971 年他因为从事反革命活动被捕入狱。部分作家——包括让-保罗·萨特、巴尔加斯·略萨、胡安·戈伊蒂索洛、卡洛斯·富恩特斯和奥塔维奥·帕斯——就此写公开信批评古巴政府。虽然加西亚·马尔克斯也在公开信签名之列，但那是普利尼奥·阿普莱约放上去的，当时他到处找马尔克斯都没找着。后来马尔克斯说，他没有亲笔在公开信上签名。[8]这件事表明，在事关古巴的问题上，他很早就不愿意尾随其他拉美文学爆炸时期的作家，其中包括巴尔加斯·略萨。的确，多年来他保持着对卡斯特罗始终不渝的忠诚。

帕迪利亚事件导致马尔克斯和巴尔加斯·略萨之间公开出现裂痕。[9]马尔克斯从此闭口不提巴尔加斯·略萨，而巴尔加斯·略萨则公开反对他的左翼政治观点，并且在很多年里，不允许全部或者部分重版自己的专著《加西亚·马尔克斯：弑神者的故事》。[10]两人之间的冷淡关系，因为女人的缘故变成暗斗，最后突然爆发，居然大打出手。下面是托马斯·卡坦说的故事：

1976 年，拉丁美洲艺术家和知识分子聚集在墨西哥

左起马里奥·巴尔加斯·略萨与妻子帕特丽夏,梅塞德斯·巴尔查,何塞·多诺索与妻子玛利亚·皮拉尔·塞拉诺,加西亚·马尔克斯,70年代初摄于巴塞罗那

城,参加一部电影的首映式。看完电影,马尔克斯过去拥抱他的密友巴尔加斯·略萨,刚喊完“马里奥!”,脸上就挨了秘鲁作家“重重一击”。

“你还敢过来跟我打招呼,在巴塞罗那你都对帕特丽夏做了什么!”据说巴尔加斯·略萨朝马尔克斯喊道,帕特丽夏是巴尔加斯·略萨的妻子。

女人尖叫起来,马尔克斯坐在地上,鼻子血流不止,墨西哥作家埃伦娜·波尼亚托夫斯卡赶紧跑去找冰冻牛排给他敷眼睛。两天之后,莫亚先生给朋友发青的眼圈拍了照片……

只有这两个男人和他们的妻子知道他们为什么打架。小道消息说,两家人都住在巴塞罗那的时候,巴尔

> 加斯·略萨抛弃妻子和孩子,跟一个美貌的瑞典女人跑了。流传的悄悄话是,帕特丽夏找马尔克斯和他妻子寻求安慰,他们劝她离婚。后来巴尔加斯·略萨跟帕特丽夏和好,据说她把一切都告诉丈夫,结果让马尔克斯遭遇突然袭击。然而,还有一些人认为,莫亚先生对这件事儿的说法显示,让巴尔加斯·略萨怒火中烧的,可能是朋友对他更加严重的背叛。[11]

两人之间的怨恨一直没有化解。比如,2008 年 10 月 14 日,巴尔加斯·略萨在伦敦国王学院做讲座时,对欧洲多年来所营造的拉丁美洲形象加以指责,批评其内在的虚假异国情调,并且进一步攻击对革命虚情假意的同情,因为革命恰好没有发生在自己的国家,他认为这种虚情假意,跟虚假异国情调如出一辙。其实两个人在 1971 年就划清界限了,虽然怨恨有所减轻,马尔克斯和巴尔加斯·略萨之间的分歧——既是政治上的,也是私生活上的——并没有消除的迹象。至于梅塞德斯,她至今无法原谅这位秘鲁作家,认为他的所作所为背叛了自己的丈夫。[12]

《百年孤独》的成功也迎来了马尔克斯艺术创作的繁荣。1972 年他被授予拉丁美洲最负盛名的奖项之一,罗慕洛·加列戈斯国际小说奖;同年,短篇小说《纯真的埃伦蒂拉与残忍的祖母——一个令人难以置信的悲惨故事》("La increíble y triste historia de la cándida Eréndira y de su abuela desalmada")出版。这部作品可以被看作是马尔克斯短篇小说登峰造极之代表作。小说魔幻现实主义风格浓厚,貌似真实地描写了一个神奇事件——因

加西亚·马尔克斯与妻子梅塞德斯和儿子贡萨洛、罗德里戈，1972 年摄于巴塞罗那

为一次意外事故烧毁了家里的房子，孙女沦为性奴隶，而且，如果要全部还清因为烧毁房子欠下的债，孙女要遭受两百年的奴役；虽然这件事一开始呈现为梦幻故事，这匪夷所思的计算方式居然也产生了一个公式（“按照这样的比例，她要两百年才能还清欠我的债”；第 11 页）。在《纯真的埃伦蒂拉》里，时间不具备历史延续性，而是截头去尾、混乱不堪的现实：“‘趁着明天把客厅也洗了，’她告诉埃伦蒂拉，‘这个房间从有嘈杂声开始就没见过阳光’”（第 9 页）。小说对话简短精练——“‘我从没见过海。’她说。‘就像沙漠，不过有水。’乌利塞斯说。”（第 20 页）还有一点荒诞的幽默：“‘那么，他们为什么让你在这儿做镇长啊？’祖母问。‘让老天爷下雨。’镇长答道。”（第 22 页）

也许最重要的是，小说对故事里发生的事情刻意描述，让我

们可以将其解读为政治讽喻。胡里奥·奥尔特加指出，故事讲述的是一个女人的悲哀，同时也具有讽刺模仿功能，以狂欢的节奏从反面演绎，变灰姑娘的故事为妓女的故事。[13]从另一个角度看，故事蕴含着政治象征意义：埃伦蒂拉任劳任怨、通过受奴役来还债，这种状况可以解读为象征了拉丁美洲面对巨额债务，无法走出的困境。[14]有意思的是——在此，我们可以看到《纯真的埃伦蒂拉》与《百年孤独》的异曲同工之处[15]——这个人为制造的债务灾难被表现为自然灾害，而不是坏人或者社会的错误决定所造成的，也就是说，这是不可避免的。埃伦蒂拉的错误，就像《百年孤独》里"第二股狂风"（第 335 页），也是由风造成的。

加西亚·马尔克斯被赞美声包围了。1972 年，他荣获美国海外图书 / 努斯达国际文学奖，同年，《枯枝败叶与其他故事》的英译本在纽约出版。同时，马尔克斯一生中最重要的政治阶段揭开帷幕。1973 年 9 月 11 日，皮诺切特将军发动政变，轰炸玫瑰宫、杀害萨尔瓦多·阿连德，智利由此陷入极端残酷的独裁统治。消息传来，马尔克斯深受打击，仿佛这也是他个人的悲剧。他发电报给皮诺切特，电文中说："智利人民绝不会容忍被一伙像你一样受雇于北美帝国主义的罪犯统治。"[16]翌年，他发表文章《智利、政变与外国佬》，对皮诺切特展开了诉诸人身的攻击，并且明确把皮诺切特政变的责任，算在美国政府、中情局和国际电话电报公司头上。[17]除此之外，他进一步公开声明，只要皮诺切特还在台上，他在《家长的没落》（*El otoño del patriarca*）出版后，将不再发表小说。1974 年，为了通过更加具体的渠道探索拉丁美洲的政治问题，马尔克斯在波哥大创办了左翼杂志《抉择》（*Alternativa*）。这些政治姿态，使马尔克斯逐渐赢得了菲德尔·卡斯特罗的好感。与巴尔加斯·略萨等其他与古巴保持距离的作家不同，马尔克斯在逐渐靠拢古巴政权。比方说，他的第一册写有题词的《家长的没落》，就是赠予菲德尔·卡斯特罗的，他通过利桑德罗·奥特罗把书送去古巴。[18]古巴革命初期，马尔克斯与卡斯特罗在各种场合见过面，因为当时他在拉丁社工作，但是并没有建立深厚的友谊。两人之间的友谊，是在《家长的没落》出版和他获得诺贝尔文学奖（1982年）这段时期发展起来的。[19]塞萨尔·莱安提认为，《家长的没落》没有在古巴出版，这是因为对家长的刻画，会让菲德尔·卡斯特罗看见自己的性格特征。[20]但是，他的观点错误解读了加博和菲德尔之间的关系。

《家长的没落》是马尔克斯政治色彩最为浓厚的作品。这部讽刺文学力作，创造了心理魔幻现实主义新风格，以魔幻现实主义挥洒自如的手法，刻画了独裁者典型的喜怒无常。例如，独裁者决定在狂欢宴席上，将罗德里戈·德·阿吉拉尔做成一道菜，供手下人食用（第104—105页）；他要把领海卖给外国佬——"我的海是纵横交错上了密码锁的，可是，他们用巨大无比的吸水设备把锁都起出来了，我万万想不到，他们有这个本事"（第210页）。[21]这显然是马尔克斯写作的新风格。从1968年开始，他就在断断续续写这部小说；1968年4月1日给朋友阿尔弗雷多·伊里亚特的信中，他是这样说的："我写起来不紧不慢的，但是写得挺艰难……想把《百年孤独》的文体拆开打乱，尽量弄出一点新东西，这样，下一部小说就不会自觉或者不自觉地，得益于上一部小说在商业和批评方面的成功。"[22]

独裁者过着与世隔绝的孤独生活，身边是一群在总统官邸自由游荡的母牛，所到之处留下一堆堆粪便；[23]一群小老婆，他心血来潮就发疯似的干上一个，连衣服都懒得脱；还有麻风病人和中风病人。读者通过独裁者的思维意识来感知他的世界，于是也就很少有机会直观、客观地感知外部世界。有一连串外国大使来拜访他，他们姓名各异，但是提出的建议是一致的——他应该出售领海、偿还外债；还有几个军事顾问来访，比如何塞·伊格纳西奥·萨恩斯·德拉巴拉，给他带来外面正在发生什么的报告（其实这些报告都是虚假的）。我们只能看见总统官邸墙外真实世界的碎片。独裁者以为自己成功引诱了官邸对面那所学校的女学生，后来发现学校其实已经关闭，所谓"女学生"实际上是警察雇来的港口妓女，她们打扮成小女生，满足他变态的需求（第 188—190 页）。他一直没弄明白是谁谋杀了妻子莱蒂西亚·纳萨雷罗和他们的儿子（两人都被野狗吃了；第 167—168 页）；有一回，他在电视上看见自己发表演说（"电视上那个人比我瘦一点、穿得整齐一点，但是，母亲，他确实是我，坐在我办公室里"；第 198 页）。独裁者对自己的无知也是心知肚明的。总统官邸旁边原来有个荷兰人的疯人院，萨恩斯·德拉巴拉在那儿弄了个刑讯室，独裁者得知这件事，就等于参与了喽啰们制造的谎言，这时他的感受是，"在他难以数清的岁月里，他发现谎言比疑虑更加舒服，比爱更加有用，比真理更加持久"（第 228 页）。他的妄想猜疑是无所不在的。他雇佣一个长相酷似他的人，帕特里西奥·阿拉贡内斯做替身；替身被毒死了，普天同庆，而独裁者却在等待时机，等那伙人瓜分赃物的时候，他进屋去，把所有人都处决了（第 26—28

70 年代初，加西亚 · 马尔克斯在写作《家长的没落》

页）。怀疑罗德里戈 · 德 · 阿吉拉尔背叛他，独裁者就把这个忠诚的得力助手做成一道菜肴，送上狂欢宴会的餐桌上（第 104—105 页）。

显然，独裁者不是某个人的写照，而是若干拉丁美洲独裁者的集大成者，包括把对手活喂鲨鱼的多米尼加独裁者特鲁希略，还有委内瑞拉独裁者皮尼利亚等。然而,《家长的没落》不仅仅是对历史上独裁者的谴责,还入木三分地刻画了一个独裁者原型的心理,这个独裁者是杀人不眨眼的刽子手(他甚至杀了预言他将死于何时何地的占卜者),是开妓院的,也是恋童癖患者和强奸犯;他从来不知道爱为何物;他因为妄想猜疑而害怕睡得太久,从不相信任何人、也不被任何人信任;他是食人生番;他践踏道德、不顾体面,宗教人士违背他的意愿,就公开羞辱并杀害他们;他把自己高抬到宇宙之神的地位。[24]

小说风格更加接近心理现实主义,而不是 19 世纪经典的现实主义,叙述从故事的中间讲起,描述人们如何发现帕特里西奥·阿拉贡内斯之死。书中并没有解释独裁者是如何上台的,大致的时间顺序是,从帕特里西奥·阿拉贡内斯之死开始,接着是罗德里戈·德·阿吉拉尔的背叛、独裁者跟母亲的关系,然后是与莱蒂西亚·纳萨雷罗的情史、婚姻以及莱蒂西亚·纳萨雷罗之死,这之后是出售领海、顾问萨恩斯·德拉巴拉之死,最后是死神降临,带走了独裁者。然而,小说整体结构具有手风琴式的折叠效应,有些事件是在记忆中重新构建的,其意义因此而得到了扩展,而且事件更多是通过联想衔接,而不是按照实际的前因后果,根据顺序排列。在小说的特定语境中,不同时间概念的相互渗透当然是非常贴切的,因为小说试图重现病弱衰败的独裁者杂乱的思绪,而按部就班的时间顺序则无法体现这个主题。这种相互渗透的现象,也体现在小说不同人物思绪的无缝衔接上:整部小说没有引号,以极富表现力的手法,延伸运用了福楼拜的自由直接引语(*style indirect libre*)模式。对帕特里西奥·阿拉贡内斯弥留之际的描写,用的是常见的第三人称过去时态,但是第一人称现在时态突然出现:"滚烫的火拔子撕裂他的五脏六腑,他再也不能对他说什么了,他的心又软了,不再冒犯他,而是几乎在哀求,我是一名严肃的将军,赶紧趁着这会儿我快没气儿了,跟我一起死吧。"(第22页)话说了一半,我们突然听到帕特里西奥的声音,这种手法的效果是非常吸引人的,吸引了读者的注意力,有灵活松动的余地,情感冲击更加直接。各种声音组成的复调,让加西亚·马尔克斯得以通过展示其他声音的侵入,而不是通过某个人意识的逐渐泯灭,来刻画意识的分崩离析。[25]我们在小说里所看到的不是渐渐熄灭的一盏灯,而是独裁者个人意识里的一间房,里面不时有各种灯火闪烁、消失,由此而打破了个人意识单一密封的感觉。尽管小说为我们唤回的是一个丑陋不堪的魂灵,其鞭辟入里的描写依然让人叹为观止。正如马尔克斯在1970年3月11日写给阿尔弗雷多·伊里亚特的信中所言:"以完全抒情的风格,写血腥肮脏的主题,这也有一定的好处,可以告诉大家,狗屎里也有诗意。"[26]

1975年,马尔克斯离开西班牙,回到墨西哥。第二年春天,他提出一个让菲德尔·卡斯特罗无法拒绝的建议:自愿执笔,撰写古巴出兵非洲的史诗故事。马尔克斯赴古巴讨论写作计划,菲德尔·卡斯特罗开吉普车到国宾馆接他,然后他们去郊外兜风,讨论马尔克斯的想法,还有其他问题,比如在古巴这样一个国家,解决老百姓吃饭问题所遇到的困难等等。[27]卡斯特罗接受了马尔克斯的提议,其后让他接触到古巴军方最高层次领导人,尤其是武装部队首领劳尔·卡斯特罗。1977年,《卡洛塔行动》(*Operación*

Carlota)出版。这是一部有关古巴在非洲角色的文集,马尔克斯在书中详细描写了古巴为出兵安哥拉(即卡洛塔行动)所做的军事准备。行动代号取自1843年11月5日奋起反抗西班牙统治者的奴隶卡洛塔[28],出兵目的是保护安哥拉免遭南非帝国主义的侵略。加西亚·马尔克斯认为,安哥拉战争与其说是军事远征,不如说是“人民战争”(*guerra popular*,第19页),并指出,经历了近年来的反动逆流之后,例如切·格瓦拉和萨尔瓦多·阿连德的遇害,以及美国对古巴边境的无限期封锁,在安哥拉取得的最终胜利,在精神上鼓舞了古巴和左翼人士。

在这期间,马尔克斯对古巴的造访越来越频繁。他们的习惯做法是,马尔克斯与妻子梅塞德斯住在国宾馆,卡斯特罗会乘吉普车来接他们,然后他们一边在郊外兜风,一边海阔天空、无所不谈:政治、文学、人权、政治避难。杰拉德·马丁给我们提供了一例他们的“吉普车对话”:

> 时间有点仓促,我把准备跟他说的六点写在卡片上。每提到一点,菲德尔都要笑话我的一丝不苟,他说:“这个行,那个不行,这个我们可以做到,另外那个我们也能做到。”第六点回答完了,我们正穿过通向哈瓦那的隧道,他问道:“第七是什么?”卡片上没有第七点,我也不知道是不是魔鬼在我耳边说悄悄话,但是,他既然这样说,我想:“这时候说可能正合适。”于是我说:“还有第七点,但是真的有点麻烦!”“嗯,告诉我是什么吧。”我感觉就像背着降落伞跳下飞机一样,我说:“你看,如果我

带着获得自由的雷诺尔·冈萨雷斯回墨西哥，跟他的妻儿一起过圣诞节，这个家庭会感到十分幸福的。”我没回头看，但是，菲德尔没有看我，而是看着梅塞德斯说道：“梅塞德斯怎么这么看着你啊？”我还是没回头，不知道梅塞德斯脸上作何表情，就说：“因为她可能在想，如果我把雷诺尔·冈萨雷斯带走，他搞些什么阴谋诡计，损害革命利益，你就会想，这事儿让我给搞砸了。”然后，菲德尔冲着梅塞德斯，而不是我，说道：“你瞧，梅塞德斯，加夫列尔和我会做我们认为应该做的，如果以后发现那个人是个卑鄙小人，那就是另外一回事儿了！”[29]

多年来，加西亚·马尔克斯和卡斯特罗一直在进行类似的高层次政治协商，这番对话告诉我们，梅塞德斯也亲身经历了这些协商。马尔克斯的外交斡旋成功，1977 年 12 月，雷诺尔·冈萨雷斯获释，得以在圣诞节与家人团聚。[30]

1977 年，马尔克斯与长期以来一直是拉丁美洲朋友的英国作家格雷厄姆· 格林[31]，应巴拿马执政者奥马尔·托里霍斯邀请，参加了研究巴拿马运河主权问题的工作组。由于两位作家都公开批评美国政府，美国对他们有签证禁令。托里霍斯耍了个花招，主动提出给他们签发巴拿马公务护照，以便参加在华盛顿举行的巴拿马运河主权条约签署仪式。他们俩都同意了。后来卡特总统知道这个花招之后，也笑了起来。[32]

加西亚·马尔克斯一直很愿意让朋友们把他的短篇小说拍成电影。例如，70 年代末，他同意让米格尔·利丁将《蒙铁尔寡妇》拍成电影。利丁选择了墨西哥小村庄塔拉科塔尔卡洛(Tlacotálcaro),觉得这里是神话般的马孔多最理想的外景地。摄制过程中,他给马尔克斯打电话,问他应该怎么跟演员解释,如何在吊床上做爱。哥伦比亚作家回答道:"听好了,先别拍,我会来的。"某日一大早,马尔克斯和梅塞德斯坐直升机来到外景地,就吊床上做爱的最佳姿势,给了演员们非常实用的建议。[33]

尽管加西亚·马尔克斯曾经公开宣称,只要皮诺切特掌权,他就不出书,但在1981年,他还是打破文学上的沉默,出版了《一桩事先张扬的凶杀案》(*Crónica de una muerte anunciada*)。当时皮诺切特还是总统,而且直到1991年才被公民投票赶下台。这部不长的小说写得十分精彩,在诺贝尔文学奖提名时,给他增添了筹码。小说第一次印刷150万册;马尔克斯真是今非昔比,想当年,《枯枝败叶》出版的时候,是私人专用版,只印了区区2000册。小说出版前夕,发生了一个与文学无关的戏剧性事件,为这部新小说的成功做了铺垫。当时,马尔克斯从墨西哥回到哥伦比亚,参加小说在波哥大的首发仪式。在波哥大,马尔克斯听到风声,说有人借口他跟左翼恐怖主义组织M-19有关系,阴谋危害他的生命安全。他逃离波哥大,并正式向墨西哥请求政治避难。马尔克斯在接受美国记者克罗蒂亚·德瑞福斯采访时,是这样说的:

> 幸好,我在波哥大有很多朋友,不管是什么事儿,只要说话时有超过三个人在场,其中一个就会告诉我。有三个人跟我说,有人想把我跟M-19连在一块儿。据说

在总统官邸晚宴上，当着总统和高级军事首领的面，谈论了所谓的我跟那个组织活动有牵连的事儿。同时，被关押的游击队员受到刑讯逼供，要他们在牵连我的供词上签名。

听到这些，我少说都是受到了惊吓。为我提供消息的人让我别担心——政府不敢碰我，因为我是重要人物。但是，我觉得他们可能会杀鸡给猴看，把我拿下，让大家知道他们不会看任何人的脸色。于是，我马上去墨西哥大使馆，寻求外交庇护，以便离开哥伦比亚。官方的说法是，他们没有任何针对我的行动，我很可能是在为新书出版而炒作。[34]

然而，马尔克斯否认炒作的说法。他在登机赴墨西哥前不久指出："这本书一写出来，就是成功的。"[35]当时已经在准备将《一桩事先张扬的凶杀案》翻译成32种文字。哥伦比亚黑羊出版社尊重作者意愿，以较低的价格为小说定价，正如本森所言，

降低售价无疑是小说刚出版就被西班牙语世界所接受的部分原因。在哥伦比亚的大街小巷、药店里、城里的公共汽车上、甚至马路上有交通灯的地方，到处都在卖这本书。没过几天，这个国家的报纸杂志就在采访小说里出现的所谓真实人物了，因为作者公开承认，小说是根据三十多年前一桩真实事件写的。[36]

在这样的背景下，无怪乎此书不但在当时红极一时，而且持续走红，直至今日。小说所依据的事件本身就很像一出戏。时间是1951年1月22日，地点是哥伦比亚的苏克雷，当地学校的老师玛格丽塔·齐卡[37]与米格尔·雷耶斯·帕伦西亚成婚。婚礼顺利举行，但是，第二天早上，新郎把新娘送回娘家，宣称婚姻无效，因为"姑娘是二手货"（La muchacha no tenía sus prendas completas）。玛格丽塔·齐卡失去贞操，被追究的是她的前男友卡耶塔诺·亨蒂尔，二十岁的大学三年级学生，就读于波哥大哈维里亚那大学医学院，也是苏克雷最富有家族的继承人。新娘的兄弟维克多·曼努埃尔与何塞·华金追杀亨蒂尔，因为他毁了他们家的名誉。[38]加西亚·马尔克斯认识凶杀案涉及的两家人。被杀害的卡耶塔诺·亨蒂尔是他好朋友，而且，马尔克斯还记得，亨蒂尔死去前那个夏天，他在苏克雷参加过好几次亨蒂尔组织的豪华聚会。他们之间还有家庭纽带，亨蒂尔的母亲胡莉耶塔·奇门托是马尔克斯母亲路易莎·桑蒂阿加的"干亲"（comadre），因为她是马尔克斯家里老八埃尔南多的教母。[39]

小说分为五章，每章从不同角度审视这桩凶杀案，通过不同组合的人物内心活动，或者用各种书面文件像棱镜一样折射出事件不同的层面，产生了万花筒效应。就像《百年孤独》一样，《一桩事先张扬的凶杀案》每一章都没有标题，甚至连编号都没有，给读者的印象是，各个章节滑动连接，产生新的互文共鸣。不同的视角并没有逐渐填补前面章节留下的空白，有好几个地方，同样的事情，从不同角度加以重现，对事件的解读却是相互矛盾的。[40]要阐明这些矛盾结点在文本中的作用，我们可以从文本提供的时间与空间协调入手分析每一章。《一桩事先张扬的凶杀案》将圣地亚哥之死重现在五个不同情境中，而实际上也是迫使读者一而再，再而三地多次经历这个事件，可以说这就是马尔克斯小说艺术之所在。就像塞萨尔·巴列霍的诗《战役之三》（“Batallas III”）中的佩德罗·罗哈斯（诗中提到“佩德罗与他的两次死亡”［Pedro y sus dos muertes］），圣地亚哥之死在五个不同场合一再叙述，因为他实际上是为不同的人而死。[41]《一桩事先张扬的凶杀案》里相互矛盾的叙述，最终当然是围绕着张冠李戴这回事儿。[42]可能并不出乎意料的是，在马尔克斯的回忆录里也有相应的叙述。例如，在描述魅力超凡的自由党领袖豪尔赫·埃列塞尔·盖坦被刺事件时，他提到一个在暗杀现场煽动群众复仇的人，他说见过这个人，但是其他人却似乎不记得有这么一个人。[43]类似细节也出现在《一桩事先张扬的凶杀案》中，因为书中提出了同样的可能性：安赫拉·维卡略指认圣地亚哥·纳塞尔，其实是为了保护真情人，把他当作“假刺客”。

《一桩事先张扬的凶杀案》每一章从不同角度关注圣地亚哥之死，角度来自不同的人物组合：圣地亚哥·纳塞尔／普拉西达·里内罗；圣·罗曼／安赫拉·维卡略；维卡略孪生兄弟；卡门·阿马多／克里斯托·贝多亚；调查案件的法官／镇上居民。事件描述采用不同体裁的文本，从口头证词（主要出现在最后一章，但是整篇小说都有）到书面报告，比如被告律师的报告（第三章）、验尸报告（第四章）和法官报告（第五章）等。尽管视角不同，却没有破坏各章之间的延续性，这是因为主要人物的出场，在各章比较均匀。比方说，虽然维卡略孪生兄弟主要是在第三章为读者展示事件的来龙去脉，他们在其他各章里也是“小角色”。小说延续性的形成还有赖于另外一个手法：几乎每一章的视角都出自某个固定的场所；第一章的场景是圣地亚哥·纳塞尔家，第二章是维卡略家，第三章部分在克洛蒂尔德·阿门塔的商店里，第四章的视角则出自里奥哈查的圆形监狱，第五章部分场景是“镇议事厅用木板搭起来的、肮脏的办公室”[44]。通过这样的处理，家庭空间逐渐消失，马尔克斯以此为标志，展现社会道德逐渐败坏。

马尔克斯对创作素材的加工使小说的戏剧感更加强烈。首先，他把人物之间的家庭纽带编织得更加紧密。卡耶塔诺·亨蒂尔是马尔克斯家的世交，在小说里他成了路易莎·桑蒂阿加的教子（《一桩事先张扬的凶杀案》第112页）；现实中的齐卡兄弟，在小说中变成了孪生兄弟；叙事者是新娘安赫拉·维卡略的表亲；当年亨蒂尔是在邻居埃特尔维纳·格雷罗·德穆尼弗家里被杀害的[45]，但在小说里，圣地亚哥·纳塞尔是在自家门外遇害的，他母亲无意中紧锁大门，把他挡在了门外。为了增加事件的戏剧感染力，马尔克斯还对其他细节作了加工：现实版的星期一变成了小说版的星期二，在西班牙语世界的传统里，这是倒霉的日子（根据 *martes trece*［13日星期二］的说法）；凶杀案前，有一连串极其微妙的凶兆，有些取自众所周知的迷信，有些是文学上惯用的主题，还有一些是故事结构产生的预期描写。[46]然而，最令人赞叹的是，马尔克斯完全颠倒了真实事件的时间顺序，让凶杀案在五种不同情况下，大致重演了一遍，每一章都增加了故事的悬念。正是这种手法，彰显了马尔克斯文学巨匠的功底，驾驭时间概念成了他手中的王牌。

1981年,加西亚·马尔克斯荣获法国荣誉军团勋章,同年,法国学者雅克·吉拉德出版了马尔克斯新闻作品四卷版的第一卷《新闻作品:海岸文集》(*Obra períodistica: textos costeños*)。马尔克斯写了一个电影剧本《桑迪诺万岁》(*Viva Sandino*,1982)[47],讲述发生在尼加拉瓜首都马那瓜的,桑迪诺民族解放阵线游击队的扣留人质事件。游击队袭击了农业部长何塞·马利亚·卡斯蒂罗·关特博士住宅,扣留里面的人为人质,结果是桑迪诺民族解放阵线通过收音机广播了他们的主张,取得了道义上的胜利。虽然这是一部发自内心的政治作品,但是,由于叙事者远离事件中心,剧本缺乏能够打动人的情感因素;收音机作为载体,关注的是冲突本身,而不是卷入事件的人,以及他们在袭击中遭受的磨难。80年代初期,获诺贝尔奖之前,马尔克斯想跟母亲一起庆贺她的生日(7月25日);当时他流亡海外,不在哥伦比亚,菲德尔·卡斯特罗把自己的专机借给他,好让他在母亲生日那天晚上,秘密飞回阿拉卡塔卡,陪她过生日。[48]

加西亚·马尔克斯是在1982年10月获得诺贝尔文学奖的,这不但让他感到意外,也震惊了整个世界。[49]普利尼奥·阿普莱约记得,1981年跟马尔克斯聊天的时候说起过,假如他去领取诺贝尔奖的话(他们俩都觉得这几乎不可能),他就不得不穿黑色晚装,他们俩一致认为这样穿很"不吉利"(*pavoso*)。[50]诺贝尔文学奖得主被公布之后,在波哥大刮起了一阵外交活动旋风(当时马尔克斯流亡海外,住在墨西哥城),而用费尔南多·克鲁斯·克隆弗莱的话说,"哥伦比亚学术界一些人暗地里惊慌失措"[51]。把诺贝尔文学奖颁给一个流亡海外的作家,对哥伦比亚政府是件甚为难堪的事情。好像是要补偿祖国对他的遗弃,在获得诺贝尔奖的同时,马尔克斯在古巴获得了最高荣誉“费利克斯·巴雷拉勋章”,在墨西哥荣获政府授予外国人的最高荣誉“阿兹台克雄鹰勋章”。[52]

在瑞典和哥伦比亚电视台转播的颁奖仪式上可以看到,颁奖台上有上百人,观众有好几百人,加西亚·马尔克斯是唯一没有穿黑色晚装的。他穿的是白色上装,就是加勒比人日常穿的“利奇装”(*liqui-liqui*),佩一朵幸运的黄玫瑰,轰动全场。诺贝尔奖得主不穿黑色晚装,这还是第一回。[53]仪式之后,普利尼奥·阿普莱约一个朋友对他说:“普利尼奥,你跟加博是好朋友,你能不能告诉我,他领诺贝尔奖为什么要穿得像个厨子?”[54]马尔克斯领奖时还有乐队伴奏,让加勒比风情给这个庄重的场合增添了活力。[55]菲德尔·卡斯特罗给加博送去1500瓶朗姆酒,用于颁奖仪式之后的庆祝活动,瑞典政府部门就此投诉古巴驻瑞典大使馆,指责他们非法销售酒品。[56]马尔克斯获得诺贝尔奖之后,菲德尔·卡斯特罗送给他一件私人礼物:位于哈瓦那斯博尼区的6号礼宾别墅,另外在古巴配给他一辆专用奔驰车。[57]有人在采访时问马尔克斯的母亲路易莎·桑蒂阿加:如今儿子获诺贝尔奖了,她对生活还有什么更多的要求?她说:“能给我把电话修好吗?”(*Que me arreglen el teléfono?*)[58]

加西亚·马尔克斯的诺贝尔奖领奖致辞题为《拉丁美洲的孤独》,与他在着装上的特立独行相应,马尔克斯在致辞中抨击欧洲对拉丁美洲自鸣得意的态度。他抨击当时的智利总统皮诺切特,斥责他“完成了我们这个时代拉丁美洲第一次种族灭绝”。[59]他接

马尔克斯参加诺贝尔颁奖仪式，到达斯德哥尔摩机场时，与妻子梅塞德斯亲吻

着指出，“有两千万拉丁美洲儿童死于两岁生日前，这个数目比在欧洲出生的所有孩子还要多”（第208页）；提到失踪人口（*desaparecidos*）问题时，他指出，很多妇女“在孕期被捕，并且在阿根廷监狱里分娩，但是，她们至今不知道孩子是谁、身在何方”（第209页）。马尔克斯的致辞具有现实意义，因为他所说的都是正在发生的事情，“自1979年起，萨尔瓦多几乎每20分钟就产生一个难民”（第209页）。然后，他转而批评欧洲在解读拉丁美洲时所采用的不完善的认识框架：“用与我们格格不入的思维框架来解读拉丁美洲现实，只能使我们更加不为人知，更加没有自由，更加孤

斯德哥尔摩颁奖仪式后，马尔克斯身着“利奇装”，手拿诺贝尔奖章

独”(第 209 页)。马尔克斯充满激情地恳请大家给予拉丁美洲更多的理解：

也许古老可敬的欧洲会更具同情心，如果你们能够

> 尽量通过自己的过去,来看待今日的我们;如果你们能够记得伦敦建筑第一道护城墙花了三百年,又过了三百年才有了第一个主教;第一个伊特鲁斯坎国王将罗马置于历史版图之前,罗马人在混沌的黑暗中争辩了二十个世纪;如今爱好和平的瑞士人有我们喜爱的淡味奶酪和时髦钟表,可是就在16世纪,他们还是让欧洲血流成河的雇佣兵。(第210页)

这恰恰是加西亚·马尔克斯的小说《迷宫里的将军》中,西蒙·玻利瓦尔跟一个法国人争论时所采用的观点。接着,他顺理成章地就欧洲对拉丁美洲的看法,做出了最重要的评价:“为什么我们在文学上的独创得到毫无保留的认可,而我们面对巨大困难,想进行社会变革的时候,却遭受种种怀疑而得不到认可?”(第210页)这显然是遥指古巴革命。这篇致辞就像他的小说一样,于含沙射影中点出真相,用隐喻显现政治观点,效果更加辛辣。

细读马尔克斯的获诺贝尔奖致辞,我们再次看到,在这位哥伦比亚作家的作品中,双重人格的想法有着何等重要的位置。在致辞开篇第一段,他非常中肯地提到双重身份的危害性。他沿用文艺复兴时期意大利探险家安东尼奥·皮加费塔对土著人的描写:费尔迪南·麦哲伦将他在巴塔哥尼亚发现的第一个土著人带到镜子跟前,土著人被自己的影像吓疯了(*perdió el uso de la razón*)。[60]在本质上,这种见到自己的影像所产生的惊恐,也是作者早期作品(如《图巴尔-卡因造星记》)以及代表作《百年孤独》的关键所在。双重人格的惊恐,在《百年孤独》里主要表现在情节建构上：在自我与化身相接触，并融为一体的节骨眼儿上，惊恐再现，正如乱伦导致末日来临。如前所述，小说中这个主题有很多变体，比如何·阿·布恩迪亚的梦，在梦中他走出一个房间，为的是走进一个又一个完全相同的房间，还必须记得哪个是他第一次进入的房间，这样才能从梦中醒来；再如，奥雷良诺第二跟何塞·阿卡迪奥第二混为一体，不知道谁埋在哪个坟墓。这些故事宛如发源于小说叙述主流的支流，在其源头，我们看到双重人格是末日来临的祸根；这些故事所掩盖的，都是对化身的惊恐，其缩影是尼古拉斯·马尔克斯上校缔造的双重家庭——合法婚姻家庭与婚外家庭。

第六章

“他是个大臣，但不知道是哪个国家的”[1]

1982年获得诺贝尔文学奖之后，加西亚·马尔克斯简直就是摇滚歌星、音乐家和国家元首，三位一体。更加非同寻常的是，《百年孤独》这部为他赢得诺贝尔文学奖的作品，形成了一种创作模式，不但为一些拉丁美洲作家所模仿，而且还走出了拉丁美洲。在西班牙语文学界，出现了好几部“模仿”作品，比较有名的是伊莎贝尔·阿连德的《幽灵之家》(1982)，劳拉·埃斯基维尔的《恰似水之于巧克力》(1989)和路易斯·塞浦尔维达的《读爱情小说的老人》(1993)。[2]然而，可能同样有意义的是，魔幻现实主义叙述模式改头换面，出现在非西班牙语国家，比如萨尔曼·拉什迪的《午夜的孩子》(1980)，中上健次的《千年娱乐》(1982)，威廉·肯尼迪的《紫苑草》(1983)，帕特里克·聚斯金德的《香水》(1985)，塔哈尔·本·杰隆的《沙孩儿》(1985)，若泽·萨拉马戈的《石筏》(1986)，阿米塔夫·戈什的《理智之环》(1986)，托妮·莫里森的《宠儿》(1987)，以及本·奥克瑞的《饥饿之路》(1991)。

魔幻现实主义似乎引起了不同类型作家的广泛注意,其中一个原因,是能够描写"被文化移位断裂扭曲,弄得难以置信的世界"[3]。让-彼埃尔·杜瑞斯的话令人难忘:"帝国主义列强不但夺走殖民地人民的领土和财富,还剥夺了他们的想象力。"[4]的确,拉什迪《午夜的孩子》这类小说,就是试图借用马尔克斯的叙述模式唤回想象力。魔幻现实主义的话语,能够从拉丁美洲漂洋过海,移植到世界各地不同的文化土壤,不是因为其高度的融合性,而是因为其内在的多元化。在刚刚脱离殖民主义控制的国家,作家们尤其会觉得魔幻现实主义,用霍米·巴巴的话说,是"喷薄而出的后殖民世界的文学语言"[5]。

加西亚·马尔克斯很快发现,媒体对他争相追捧,世界各地邀请他去做讲座,出版商和编辑挖空心思,想得到他下一本书。就像他曾经告诉巴尔加斯·略萨的那样:"我收到一个西班牙编辑的来信,提出把他在帕尔马的别墅给我住,还包了我在那儿的一切费用,想住多久都行,只要我把下一本小说给他。我回信说,他肯定是写错地址了,因为我不是妓女。"[6]马尔克斯开始对记者有怨言了,他们来看他,跟他一起醉醺醺地喝到凌晨两点,然后把事先约定不可以公开的话,写进他们的文章。[7]他决定不再无穷尽地接受采访,而是利用自己刚刚赢得的名声,帮助一直与他同甘共苦的老朋友普利尼奥·阿普莱约。他们一起出版了对话集《番石榴飘香:对话加夫列尔·加西亚·马尔克斯》(1982),这绝对是洞察马尔克斯内心世界的最佳参考资料。[8]普利尼奥的确是马尔克斯的完美陪衬,不仅因为他是那么熟悉他,而且因为他讲故事的喜剧技巧,几乎可以跟我们这位伟大的小说家媲美。

获得诺贝尔奖之后，继续写出精彩作品的压力异常沉重——时至今日，这种压力也没有减轻[9]——而马尔克斯没有让读者失望。1985 年，他出版了《霍乱时期的爱情》(*El amor en los tiempos del cólera*)，这是很多读者翘首以盼的，因为这部小说被称作是作者父母的爱情故事。小说相当一部分是马尔克斯在卡塔赫纳时写的；返回墨西哥之前，哥伦比亚政府关于他与左翼恐怖组织 M-19关系密切的说法(见第五章)，显然让他担心，于是他把一份还没修改的手稿留给妹妹玛戈特，交代说如果他回来了，就把手稿还给他，万一回不来，就必须把手稿毁掉，以免别人在他死后将其盗用。加博抵达墨西哥之后，给玛戈特打电话，告诉她自己已经安全到达，同时指示她把手稿销毁。玛戈特一页一页地把手稿焚毁，多年以后她会想，不知道这部手稿现在能值多少钱。[10]小说大获成功，印数仅次于《百年孤独》。

像马尔克斯的所有小说一样，《霍乱时期的爱情》是由他个人经历的种种事情和生活片段拼凑而成，加上一点滑稽的曲折情节，让故事更加浓缩精彩。[11]正如马尔克斯在 1988 年发表的一次访谈中所说，小说以他父母的情史为依据，不过故事也是从另外一个故事折射而来的。他曾经在报纸上看过一段故事，两个相爱的人幽会 50 年，表面上却一直假装与他们各自的配偶婚姻美满、相亲相爱；最后有个导游为了 14 美金杀害了他们，隐情才被暴露。[12]这段故事也被写进了小说，弗洛伦蒂诺·阿里萨把报纸上的新闻剪下来，寄给费尔米娜·达萨，“没加任何评论”，虽然他的用意显然是以此作为对他们俩关系的辛辣评论：“警察发现，被打死的两位老人是秘密情人，他们四十年来一直在一起度假，但是各自都有稳定幸福的婚姻,还有人数众多的大家庭。”[13]

当初加夫列尔·埃利西奥追求路易莎·桑蒂阿加,但是女方家庭反对他的求婚,为了防止爱情开花结果,路易莎给送到山里旅行去了。加夫列尔·埃利西奥是邮局里的电报员,所以他能跟路易莎保持联系,等到她回来,他再次提婚。最终,路易莎家里妥协了,于是马尔克斯的父母在1926年6月11日成婚。[14]加夫列尔·埃利西奥与路易莎·桑蒂阿加的爱情故事,在家里显然是有传奇色彩的,讲起来不但给加博,而且给家里所有孩子都留下深刻印象。比如,路易莎离开阿拉卡塔卡,被放逐到瓜西拉省,加夫列尔·埃利西奥写诗寄给她,母亲回忆起这些诗的时候,依然一往情深,令海梅大为感动。[15]马尔克斯在父母的爱情故事之上,添加了报纸上的新闻故事,一段隐瞒了50年的地下恋情,这就让小说情节朝另一个方向发展了。弗洛伦蒂诺·阿里萨爱上费尔米娜·达萨,求婚被拒,费尔米娜被送进安第斯山,在那里待了一年,但是——小说在此偏离现实生活——她回来之后,发现自己已经不爱弗洛伦蒂诺了:“今天,见到你的时候,我意识到我们之间除了幻觉,一无所有”(《霍乱时期的爱情》第107—108页)。她选择更有安全感的婚姻,与当地医生胡维纳尔·乌尔维诺结婚了。弗洛伦蒂诺决定等她,这一等就是五十多年,直到胡维纳尔·乌尔维诺去世。

路易莎只有一个恋人,但是马尔克斯让费尔米娜·达萨有两个爱人,这样作家就可以探索爱情的不同侧面:从合法婚姻日复一日的沉闷生活,其特点不仅是波澜不惊(如胡维纳尔·乌尔维诺所说,“美满婚姻最重要的不是幸福,而是稳定”[第320页]),

还有孩子气的拌嘴，比如洗澡间里有没有肥皂（第28—30页）；到弗洛伦蒂诺所向往的，大写的浪漫爱情，无望、悲哀。费尔米娜的堂妹伊尔特布兰达这样描写弗洛伦蒂诺："他又丑又伤心……但是他全部是爱。"（第135页）他对费尔米娜是如此一往情深，他等了她五十多年；他在坟场为她奏情歌，抒情的乐曲随风飘到她身边；站在镜子旁窥视她的倩影两个时辰后，他把镜子买回来，为的是让她的幻象在记忆中永存。小说还充分利用了肉体之爱与精神之爱的区别[16]，所谓"裤腰以上"的爱与"裤腰以下"的爱（第42页）。尽管弗洛伦蒂诺是情场老手，有过许多情人和短暂的性爱（总共532次），他依然坚信，他对费尔米娜的爱，超越了他与几百个女人经历过的肉体之爱，以至于他可以对费尔米娜说："为了你，我一直是处男。"（第362页）然而，可能最重要的是，将两个情人对照着写，这种叙事手法可以让马尔克斯同时展示不同的时间和视角。在追溯费尔米娜婚姻历程时，每个重要关头，我们都有一种感觉，弗洛伦蒂诺一直在从旁观看。诗歌比赛上发生的事情是一个特别有说服力的例子。在诗歌比赛会上，已经是当地显贵的费尔米娜将宣布获奖名单。弗洛伦蒂诺为了能看她一眼，也为了一旦获奖，可以听到她念出自己的名字，参加了比赛；然而，他的到场，也给了他邂逅莎拉·诺列加的机会，后来他们之间有了一段恋情（第206—208页）。

小说的叙述形态就像漩涡一样，说到发生的事情，接着追根溯源，让读者明白事情的来龙去脉，最终得以从另外一个角度重新对事情加以审视。例如，在小说第一章，胡维纳尔·乌尔维诺发现朋友赫雷米亚·德·圣-阿莫乌尔自杀，察看尸体之后，回到家里,想去抓一只鹦鹉,结果从梯子上掉下来,摔死了。[17]我们还看到,一个叫弗洛伦蒂诺的男人,向刚刚失去丈夫的女人费尔米娜求爱,海誓山盟,永不变心。这些事情的全部意义,后来才逐渐显示出来。赫雷米亚·德·圣–阿莫乌尔爱着住在郊外的黑白混血女人,这件事的意义所在,是与胡维纳尔·乌尔维诺多年前隐秘的恋情遥相呼应,他的情人芭芭拉·林奇是个住在郊外的黑人,由此引出贯穿整部小说的主题:隐秘的恋情;与此遥相呼应的还有随着小说情节进展而渐渐浮现出来的,暗藏在弗洛伦蒂诺心中的对费尔米娜的爱。

小说结构并非 19 世纪小说意义上的按时间顺序叙事,而是像流浪汉小说,插曲甚多;围绕故事核心,次要情节离心发散,迂回漫步,宛如马格达莱纳河,缓缓流经河滨岔道,蜿蜒曲折,注入大海。有了这样的结构,叙述仿佛是漩涡潜流,时间盘旋回转,过去的事情不断重现。于是,我们看见弗洛伦蒂诺去参加诗歌比赛(第 201—206 页),然后听见费尔米娜回想起他们乘新忠诚号游船在河上游览的时候,如何谈论这些往事:

> 弗洛伦蒂诺告诉她,在诗歌比赛会上,在飞翔的热气球上,在杂技演员旋转的自行车上,他曾经满怀爱的渴望注视着她;每年他都如饥似渴地等待各种公共节日,只为一睹她的芳容。她也常常看到他,不过从未想到他是专门为了见她而去的。然而,大概一年前,她看了他的信,当时还纳闷他怎么可能不参加诗歌比赛呢,他毫无疑问会获奖的。弗洛伦蒂诺·阿里萨撒谎说:他

的诗歌为她而写,读者只有他本人。(第 356—357 页)

叙述者详尽描写了所有事件——每年 4 月 15 日的诗歌比赛、乘热气球游览、坐杂技演员的自行车等等,读者就像看普鲁斯特小说一样,在回忆中经历了这一切,同时,还是像看普鲁斯特一样,眼看着这些回忆如何被演绎。

我们知道弗洛伦蒂诺曾经在诗歌比赛上提交自己的诗作,尽管获奖的希望微乎其微,他追求的是听到费尔米娜不得不当众念出他名字时的快感(第 203—204 页);然而,我们也知道现在他为什么对她撒谎,弗洛伦蒂诺玩弄文字、写信作诗,目的只有一个:引诱费尔米娜。在加西亚·马尔克斯笔下,引诱是一项技巧高超的活动,要计划周密、别出心裁,还要有聪明才智和决心。即便已经与费尔米娜同在一条游轮上,他还是要给她写信、送白玫瑰(第 351—352 页)。正是由于弗洛伦蒂诺暗地里提到自己的情诗,费尔米娜才终于向他伸出手:“这时,是她在黑暗中伸出手拉住他的手”(第 357 页)。这诱惑的一幕另有深意,因为读者还记得,多年前诗歌比赛之后,紧接着发生的另一幕诱惑:弗洛伦蒂诺被肥胖硕大的莎拉·诺列加所勾引(第 207—208 页)。小说人物生活中的重大事件——例如弗洛伦蒂诺向费尔米娜求婚;胡维纳尔·乌尔维诺想抓鹦鹉,结果因此而丧命;费尔米娜拒绝弗洛伦蒂诺,“不,求求你……忘了吧”(第 107 页)——在叙事的长河徘徊不散,构成马尔克斯叙述中的漩涡潜流。

小说中弥漫着说不清道不明的神秘感。尽管叙事者似乎无所不知,依然有未加解释的事情,或者需要读者自己去解读的情形。既然阿梅利加·比库尼亚为弗洛伦蒂诺如此神魂颠倒,读者也许会猜测,她是因为被他抛弃(第338页),才自杀的。一封电报带来了她的死讯:"阿梅利加·比库尼亚昨日去世死因不明"(第358页)。其实,促使阿梅利加·比库尼亚自杀的决定性因素,肯定是她发现了情信:"一个星期六的下午,阿梅利加·比库尼亚独自待在他们在窗口街的卧室里,然后,也没有刻意寻找,纯属偶然,在没有上锁的衣柜里,发现了弗洛伦蒂诺·阿里萨打印出来的随想录,还有费尔米娜·达萨的手写信件。"(第344页)叙事者对这件事的描述很有些拙劣,但是,即便没有任何评论,也不妨碍读者将此事看作阿梅利加·比库尼亚之死的主要原因。当然,这个结论是由读者自己推论出来的。

有时候,往事回归,以压倒一切的气势淹没了现实。费尔米娜·达萨父亲的真实身份,就是以这样的气势暴露在读者眼前。小说第六章,也是最后一章,通过一份名为《正义报》的报纸,我们得知,他表面上是个赶骡子的,其实是以赶骡子为掩护,从事非法活动,造假行骗、走私军火(第341—342页)。此前,让人觉得事情有点蹊跷的唯一迹象,是他神秘消失之前所说的一句话("我们破产了";第137页)。同一份报纸还披露了第二件事,所造成的影响更加复杂。《正义报》宣称,胡维纳尔·乌尔维诺与卢克雷西亚·德尔雷亚尔·德尔奥维斯波有过一段恋情。叙事者采用的语气显然是怀疑这项指控的真实性:

> 《正义报》刊登了头版新闻,连两个主角的照片都登出来了,指控胡维纳尔·乌尔维诺医生和卢克雷西亚·

德尔雷亚尔·德尔奥维斯波之间有隐秘的恋情。报纸对这个桃色事件的细节做出种种猜测,幽会的频率,幽会的安排,还有女方丈夫的故意纵容,据说他的嗜好是鸡奸在他甘蔗种植园干活的黑人。这篇字体粗黑、油墨像黑血似的报道,振聋发聩,在当地软弱的贵族圈子里引起轩然大波。其实报道没有一行是真话:胡维纳尔·乌尔维诺与卢克雷西亚·德尔雷亚尔两人是单身时的密友,婚后还保持了朋友关系,但是,他们从来不是恋人。(第340页)

叙事者在别处是无所不知、言之有据的(例如,他既知道卡塔赫纳这类城市形成的历史[第16—17页],也知道城中居民私密生活的细节),考虑到这一点,既然他对报道不屑一顾,我们的第一反应也会认为这是毫无根据的谣言。然而,小说后面又增加了若干细节,似乎让人觉得,虽然叙事者否认了其真实性,报道也不能说完全没有根据。首先,《正义报》还刊登了前面提到过的,披露费尔米娜父亲罗伦索·达萨真实身份的新闻,这个头条新闻并没有受到质疑,而是当作事实展现在读者眼前。其次,我们得知"卢克雷西亚·德尔雷亚尔从此再也没有到费尔米娜·达萨家来过,费尔米娜·达萨把这看成是认罪了"(第340页)。第三,费尔米娜毫不客气地羞辱卢克雷西亚·德尔雷亚尔:"无论谁把话传给卢克雷西亚·德尔雷亚尔,她都要让她知道,带那么多男人上床,能遇上一个真正的男子汉,她也该知足了。"(第343页)

不过,最重要的线索可能藏在卢克雷西亚姓名中。加西亚·马尔克斯往往会通过姓名透露人物性格或者他们的真实身份。这些线索有不同表现形式，有些可能带有讽刺意味，比如来自安的列斯群岛的赫雷米亚·德·圣-阿莫乌尔，病病歪歪的，名字却非同寻常，既有《圣经》里的使徒"Jeremiah"，也有隐喻爱情的"Saint-Amour"；有些可能有隐喻意义，比如胡维纳尔·乌尔维诺对他所居住的城市总是冷嘲热讽，就像与他同名的罗马诗人尤维纳利斯（西班牙语为胡维纳尔），经常把自己的故乡罗马作为讽刺对象。还有一个作用是幽默，弗洛伦蒂诺曾经提到过一个德国移民，因为非凡的做爱技巧而闻名，跟他上床的妓女会痛快得大喊大叫（第65—66页），他的姓名罗塔里奥·图古特跟他的非凡技巧有关：用西班牙语念"Thugut"，听起来就像"太棒了"，这应该就是妓女跟他做爱时说的吧。回到卢克雷西亚，她的真实身份其实也隐藏在姓名中：卢克雷西亚是古罗马传奇人物，她是罗马贵族，因为被强奸后自杀而闻名。从这样一个名字可以联想到贵族充满罪恶感的性欲和被压抑的潜在性欲，加上雷亚尔（Real）与"皇家"谐音，奥维斯波（Obispo）与"主教"形似，作家开玩笑似的提醒读者，留意罪恶的根源所在。当然，这一切仅仅是利用姓名含沙射影；必须强调的是，就叙事者所知，胡维纳尔·乌尔维诺唯一的通奸对象是芭芭拉·林奇（如小说第五章所述，第256—261页）。胡维纳尔·乌尔维诺与卢克雷西亚·德尔雷亚尔·德尔奥维斯波之间所谓的奸情是小说的未解之谜，《霍乱时期的爱情》的叙事者因此而显得跟《一桩事先张扬的凶杀案》的叙事者一样不靠谱，尽管他给读者的表面印象是忠实于事实真相。小说是马尔克斯父亲的故事，而他正好辞世于《霍乱时期的爱情》发表那一年

1986 年 12 月加西亚・马尔克斯与费尔南多・比里、托马斯・古铁雷斯・阿莱亚和胡里奥・加西亚・埃斯皮诺萨在圣安东尼奥・巴钮斯的国际影视学校

（1985 年），也算是奇事一桩。[18]在父亲的葬礼上，加博和弟弟们一样，伤心欲绝；这些男子汉都"哭得像孩子一样"[19]。

卡斯特罗送给他一套礼宾别墅之后，加西亚・马尔克斯每年都会去古巴，在别墅里住上一段时间，通常是在 12 月至次年 1 月份，选择这段时间是为了参加 12 月初举行的哈瓦那电影节。在此，他充分利用新近获得的名声来实现他多年的抱负——在拉丁美洲建立一所能够与欧美媲美的电影学校。1983 至 1985 年间，他为此做出了不懈努力，合作团队里有两位古巴电影人，《不发达的回忆》（*Memories of Underdevelopment*，1968）导演托马斯・古铁雷斯・阿莱亚，古巴电影学校（ICAIC）前校长、"非完美电影"创始人胡里奥・加西亚・埃斯皮诺萨，还有阿根廷纪录片导演、反传统观念的费尔南多·比里,他在1958年拍摄了《扔给我们一毛钱吧》(*Tire Dié*)。1986年古巴电影节前几个星期,马尔克斯与合作者经常在哈瓦那的别墅里长时间会晤,人们翘首以待,相信他们能在当年古巴电影节开幕式上宣布讨论结果。谈判接近尾声时,阿尔弗雷多·布莱斯·埃切尼克亲眼见证马尔克斯的运筹帷幄:"在筹备新拉美电影基金会期间,我观察到加博是如何运用政治手段的,既知道既定目标,也知道结果如何。他对这个项目事必躬亲,一丝不苟,其实只要是想做成的事,他一向如此。"[20]胡里奥·加西亚·埃斯皮诺萨还记得,1986年11月份,菲德尔·卡斯特罗曾经造访他在古巴新贝达多的寓所,对他说:"咱们出去溜达一圈,聊聊还要做些什么吧。"于是加西亚·埃斯皮诺萨跟他一起去散步。菲德尔问他:"你们想要什么?"加西亚·埃斯皮诺萨回答:"电影学校。""电影学校?"菲德尔觉得有点好玩,"就这么简单?"加西亚·埃斯皮诺萨说:"没错,这就是加博想要的,也是我们想要的。""那好,没问题。"菲德尔说。[21]

就这样,新拉美电影基金会在哈瓦那成立了,加西亚·马尔克斯任基金会主席,能干的阿尔奎米亚·培尼亚担任董事长。1986年12月4日,在第八届哈瓦那国际电影节上,基金会正式宣告成立,同年12月15日,国际影视学校(EICTY)建成。影视学校有四个创办人:加西亚·马尔克斯、胡里奥·加西亚·埃斯皮诺萨、托马斯·古铁雷斯·阿莱亚,以及同意担任第一任校长的费尔南多·比里,他们都曾经在罗马电影实验中心学习过,是新现实主义让他们走到一起的。国际影视学校设在离哈瓦那30英里的圣安东尼奥·巴钮斯郊外,校址是一座废弃的学校建筑。学校建成典礼宴会由卡斯特罗多年的厨师杜克斯尼·史密斯主厨，在80年代，他经常为加博和菲德尔备膳，厨师还记得马尔克斯吃的是马孔多风味龙虾，菲德尔是清炖龟汤。[22]影视学校的投资方不是古巴政府，建校初期，马尔克斯通过接受采访，然后让对方把采访费直接划账到学校的方法，为学校提供资金。1989年10月29日，英国独立电视台在梅尔文·布莱格主持的节目《南岸秀》里，播出了对马尔克斯的采访，历时三个小时的采访，马尔克斯要价3万美元。[23]马尔克斯还非常慷慨地同意，每年给影视学校的学生做一次题为《如何写故事》的讲座，时至如今，除了生病之外，讲座每年如常举行。[24]国际影视学校项目还提携了一些重要的关联项目，例如，每年2、3月举行的哥伦比亚卡塔赫纳国际影视节，如今已经举行过好几届，最近几年马尔克斯一直担任影视节的评审员。[25]

加西亚·马尔克斯还利用诺贝尔奖得主的地位，超出文学领域，在政治上有所表现。1986年8月6日，在墨西哥伊斯塔帕，他做了题为《达摩克利斯的灾变》的讲座，充满激情地恳请两个超级大国，把核导弹的预算，转移到基础教育、改善医疗保健和为所有人提供饮用水；他特别提请在座的人，创建即便是原子战争造成的世界末日都无法摧毁的"记忆方舟"。[26]以新闻记者的眼光看世界，这是马尔克斯无法舍弃的兴趣。1986年他发表了《米格尔·利丁历险记：智利秘密行动》(*La aventura de Miguel Littín, clandestino en Chile*)。米格尔·利丁1968年导演了《那维托洛的豺狼》(*The Chacal of Nahueltoro*)，通过一个精神变态者的故事，以纪实手法，鞭挞智利社会制度的失败。萨尔瓦多·阿连德当政期间(1970—1973)，利丁毫无保留地支持阿连德，1973年9月11日

2008 年 7 月，国际影视学校内的加博塑像

政变发生之后，被迫流亡。由于他在皮诺切特的 5000 人黑名单上，永远不许返回智利，因此他决定返回智利进行秘密拍摄，是十分有勇气的（如果不是有点鲁莽的话）。马尔克斯决定采用第一人称叙述，采取比较快的叙述节奏，在文本中不断穿插大难临头的感觉，这与三十多年前写遭遇海难的路易斯·阿莱汉德罗·贝拉斯科的报道如出一辙，不过这回叙事者害怕的不是加勒比海的鲨鱼，而是皮诺切特的爪牙。作品扣人心弦地描述了利丁在智利的经历，目睹辉煌的圣地亚哥，利丁惊异不已[27]——他还以为这个城市会很破败；他想起如何被警察拘捕，又如何及时逃脱（第 36—38页）；找人采访的艰难（第 40—42 页）；见到岳母，然而由于他的乔装打扮，她没认出他来（第 61—62 页）；具有喜剧效应的，

对“*rasurar*”这个词的误解（这是“剃胡子”的老说法，80年代已经被比较中性的词“*afeitar*”所替代，第72—73页）；访问黑岛聂鲁达故居时所感到的悲哀（第87页）；还有被三个警察追踪，历险逃脱（第102—104页），这些都是这本书的精彩之处。融新闻与文学为一体，这显然是马尔克斯所擅长的手法。外界的反应褒贬不一，萨尔曼·拉什迪写信给利丁，批评他让自己成为马尔克斯式的人物；[28]皮诺切特被这本书激怒，1987年在瓦尔帕莱索公开焚书。[29]

1986年，讲述路易斯·阿莱汉德罗·贝拉斯科在海上死里逃生的小说，《遇难者的故事》英文版面世；1987年，《智利秘密行动》被译成英文；翌年，《霍乱时期的爱情》在美国发行。1989年，马尔克斯发表小说《迷宫里的将军》（*El general en su laberinto*），以非凡笔触再现了西蒙·玻利瓦尔生命中的最后八个月（从1830年5月8日离开波哥大，到1830年12月17日在哥伦比亚海岸城市圣玛尔塔逝世）。马尔克斯对拉丁美洲最有名的人物西蒙·玻利瓦尔情有独钟，这要归功于他的外公，他在家里壁炉上方挂了一幅玻利瓦尔的肖像（加博在阿拉卡塔卡的外公家里一直生活到九岁）。小说情节主线都是有历史依据的，正如我们在小说里所看到的：西蒙·玻利瓦尔于1830年5月8日离开波哥大；他确实死于12月17日；他与曼努埃拉·塞因斯的恋情也是真的，她是一个美丽的基多人，嫁给了一个英国人；他的贴身侍卫的确是何塞·帕拉西奥斯。小说详细记录了玻利瓦尔在马格达莱纳河上走过的历程，细致到沿途停靠过的地方。小说甚至准确说出他鞋子的大小，还有他是两只手都很灵巧的人，很会跳舞，吃得很讲究等等细节。1986年夏天，阿尔弗雷多·布莱斯·埃切尼克跟马尔克斯一起住在古巴的礼宾别墅，马尔克斯写作时对历史细节的斤斤计较给他留下深刻印象：

> 我在写小说的时候，从来不去管这件事或者那件事发生在什么时候，或者说是哪一天、哪一年，甚至哪个世纪都无所谓。加博写他的玻利瓦尔，好像卡彭铁尔似的，狂热追究历史细节，我真是深受其害。玻利瓦尔打这一仗或者那一仗的晚上，是不是满月呢？在那个战役前夕，曼努埃拉·塞因斯是抓伤了玻利瓦尔，还是没有抓伤他呢？听我说，智利人，你知不知道……？[30]

然而，尽管细节似乎面面俱到，小说的历史骨骼还是承载了大量虚构的血肉，创作出一个全新视角的玻利瓦尔，不是凯旋的人，而是一个对独立运动在19世纪20年代的走向深感失望的人。

玻利瓦尔生命中最后八个月，也是这位历史名人一生留下记录最少的八个月，这就让马尔克斯有机会扩展现有资料，将笔触深入到不为人知的所在，探讨更深层次的问题，例如，西蒙·玻利瓦尔的所作所为动力何在。任何看过马尔克斯小说的读者，对玻利瓦尔与贴身侍卫和其他人的对话，都不会感到陌生。以小说开始不久玻利瓦尔与管家的对话为例：

> “1830年5月8日，星期六，今天是英国人杀死圣女贞德的日子。”管家宣布。“从凌晨三点起，一直在

下雨。”

“从17世纪凌晨三点起。”将军说道，一夜无眠，嘴里留下一股苦味儿，声音都发苦。[31]

我们无法证实玻利瓦尔在1830年5月8日跟管家说过这番话，同样，我们也无法显示这番对话不存在。当然，玻利瓦尔使用这些词汇的可能性微乎其微，因为这不像19世纪20年代的情绪，而是令人想起流行于20世纪下半叶的存在主义（比如说贝克特、萨特和加缪）。从《枯枝败叶》开始，马尔克斯一贯借用天气来刻画人如何被生活在其中的物质世界所羁绊，这段对话也有同样含义。1830年5月8日这天，玻利瓦尔感觉拉丁美洲陷入政治迷津，但是这种状态不是从当天凌晨三点钟开始的，而是至少可以追溯到17世纪，我们不用提醒也会想到，正是在这个世纪，西班牙开始真正施展权威，在新大陆建立殖民社会。

小说还有其他例子，说明马尔克斯将玻利瓦尔的困境转化成普通人能理解的困境，与他其他小说中某些人物的困境别无二致，包括《没有人给他写信的上校》里的上校和《一桩事先张扬的凶杀案》里的圣地亚哥·纳塞尔。这方面的最佳范例，是玻利瓦尔不寒而栗，跟周围人一样，意识到自己大限将至，必死无疑：英国外交官对玻利瓦尔送别会的评论，“看起来像葬礼”（《迷宫中的将军》，第39页）；离开波哥大的路上，一个女人看到他，对他说：“与主同在吧，幽灵”（第40页）。这些都是玻利瓦尔命中注定要遭遇厄运的迹象，正如圣地亚哥·纳塞尔临死前也出现种种迹象一样。马尔克斯就是这样摆弄创作素材，注入个人鲜明的艺术特色，紧紧拥抱历史，赋予历史以新生命。

同样，在历史记载有出入的情况下，加西亚·马尔克斯趁机对事实做出个人解读，按照他自己的理论，重新塑造历史。传闻西蒙·玻利瓦尔家族有非洲血统；虽然对于居住在新格林纳达的家庭，这并不是非同寻常的事情，但是此事在历史上十分有争议。有些事实表明，传闻也有可信之处，其中最重要的是，玻利瓦尔家试图在西班牙澄清家族谱系时，他曾经递交申请，要求承认他是贵族一员，后来申请被驳回，他的家人显然因此而心怀怨恨。[32]然而，如果我们看看在当时画的玻利瓦尔肖像（那是摄影技术之前的时代），绝大多数都可以清楚地看出，他长着一副白人拉美混血儿的相貌，虽然也有些把他画成长着卷曲的头发，但是为数不多。[33]尽管如此，马尔克斯还是选择把玻利瓦尔描写成加勒比人：在小说初次露面时，他刚刚泡完澡，一头"粗硬的加勒比卷发"（第10页）。在安第斯山地的波哥大，他感到不自在，说"这不是我的舞台"（第35页，笔者修改）。随后的文字强调，玻利瓦尔之所以不适应，是因为他的加勒比秉性："他的声音带金属感，因为发烧而有些嘶哑，多少年的游历和战争历练，都没能软化他的加勒比口音，安第斯山人说起话来花哨多彩，相比之下，他的口音更加显得生硬。"（第35页）倘若我们在这段文字，以及后面玻利瓦尔辞别波哥大时的局促谨慎中，看到一点作者自传的痕迹，也不是完全没有道理。马尔克斯在波哥大感到格格不入，这不是什么秘密，他在自传里表示，在那里他总是感到拘谨，无法忍受那儿的沉闷与荒凉，当地人的趋炎附势也让他深感厌恶。[34]

小说有时会用动物作为象征手段，强调叙述的含义。[35]勤务兵捡回来、又洗干净的癞皮狗，就是一个例子：

> 他们给狗洗澡，还用婴儿爽身粉，把它弄得香喷喷的，但是却无法改变那副流浪狗的模样，也去不掉癞疮难闻的气味。将军正在船尾散步，何塞·帕拉西奥斯把狗拽到他身边。
>
> “给它起个什么名儿呢？”他问道。
>
> “玻利瓦尔。”将军不假思索地说。（第91页）

在《没有人给他写信的上校》里，公鸡象征死去的儿子为之奋斗的目标和民众对将来好日子的期盼，也许还象征着革命；在这里，狗象征着拉丁美洲最负盛名的人之死，他未老先衰，被时运乖戾所击败，因盟友背弃而悲惨地死去。小说实至名归、获得赞赏的另一个特点，是其中辛辣的冷笑话，虽然是（或者说正因为是）建立在乖谬悖论之上，却极为精确地浓缩了人物的真实处境。玻利瓦尔让何塞·帕拉西奥斯告诉他，岸上灯火闪烁的窗户都是什么地方，听完之后，玻利瓦尔说的话反映了他具有讽刺意味的下场：“我们现在是孤儿、伤兵，被独立所遗弃的流浪汉。”（第90页）玻利瓦尔的丰功伟绩使他成了孤家寡人。

有时，为了制作戏剧性反讽局面，加西亚·马尔克斯会对历史做出戏剧化处理，下面这个片段就是一例：一天晚上，其他人都休息了，玻利瓦尔和伊图尔维德还在议论独立战争。在历史上，1830年玻利瓦尔的随行人员里，不可能有阿古斯丁·德·伊图尔维德（因为他已经于1824年被处死）。然而，因为他遭遇过跟玻利瓦尔相似的倒霉运，马尔克斯把他放进来，作为玻利瓦尔下场的象征。阿古斯丁·德·伊图尔维德在墨西哥英勇抗击西班牙人，于1821年赢得独立战争的胜利，并于1822年自封皇帝，但是1823年就被迫退位，经历了短暂的流亡生活之后，于1824年被处死。在小说里伊图尔维德说："我是个流亡者"[36]，玻利瓦尔补充道："在这儿，我们都是流亡者。"随后，他言简意赅地概括了独立所蕴含的悲剧性讽刺意味："让人头疼的是，我们不再是西班牙人了，然后就东奔西跑，在不同国家到处走，而这些国家隔三岔五地更换国名、改朝换代，弄得我们都不知道自己是从什么鬼地方来的。"（第163—164页）马尔克斯在小说里闭口不提何塞·德·圣马丁，却把伊图尔维德放进去，这就更加让人觉得奇怪，因为何塞·德·圣马丁的出现，应该更方便马尔克斯突出小说的主题。1822年7月26日，玻利瓦尔与圣马丁举行了闻名的瓜亚基尔会谈，对此历史学家有无尽的猜测。[37]马尔克斯对历史之谜的兴趣应该使这次会谈成为理想的创作素材。我们只能说，马尔克斯感兴趣的是他自己的谜，而不是历史之谜。

无法确定自己从何而来的感觉，后来转变成更深层次的质疑本体的不安全感。于是，在死神逼近的时候，玻利瓦尔心里浮现出超越时代、更加接近20世纪存在主义的半信半疑，以至于他开始对自己的身份产生怀疑。例如，当威尔逊说似乎没有多少人能够认出他来时，玻利瓦尔直截了当地解释道："我已经不再是我自己了。"（第43页）看见一艘蒸汽船的侧面有"解放者"的字样，玻利瓦尔说："真不可想象我就是那个解放者！"（第114页）而在一次会谈中，蒙蒂利亚表示效忠玻利瓦尔的时候，玻利瓦尔打断了他:"我并不存在。"(第 127 页)另一方面,受委托制作的玻利瓦尔画像,凸显了小说的中心主题:身份在本质上具有不确定性。马尔克斯先描写了何塞·马利亚·埃斯皮诺萨画的油画肖像:

> 9 月份暗杀事件前不久,新格林纳达画家何塞·马利亚·埃斯皮诺萨为他画了在波哥大政府大厦的画像,这跟他心目中自己的形象大相径庭,他忍不住要跟他当时的秘书桑塔那将军聊聊这事儿,"你知道这画像看起来像谁吗?"他说。
>
> "像奥拉亚,那个从拉米萨来的老家伙。"(第 160 页)

这段对话是虚构的,但是肖像画不是虚构。玻利瓦尔对画像的评论其实也恰如其分,因为这就是埃斯皮诺萨的绘画风格,从西班牙在美洲建立统治开始,那里就有总督,而埃斯皮诺萨会把解放者画得似乎跟西班牙总督一脉相承。[38]玻利瓦尔当时的画像数不胜数,在不同画像中,其相貌的民族特征有显著差异,小说接下来对此做出了非常有意思的评论:

> 最早是一幅无名氏画的微型画像,当时他 16 岁,在马德里。32 岁时,他在海地让人画了另外一幅肖像,两幅画都真实反映了他的年龄和加勒比相貌特征。他高曾祖父与女奴育有一子,他因此而有一点非洲人的血统,这在他的相貌特征上十分显著,所以在利马的贵族圈子里,他被称为"桑博"。然而,随着他的名声日渐显

赫，画家开始将他理想化，洗白他的血液，神话他，直至在代表官方记忆的雕塑中，赋予他罗马特征的侧面。但是，埃斯皮诺萨的画像惟妙惟肖，不加修饰，真实画出了45岁、被病痛折磨得憔悴不堪的玻利瓦尔。直到逝世前夕，他一直对自己的疾病讳莫如深，甚至到了自欺欺人的地步。(第160页)

加西亚·马尔克斯在这段话里认为画得“惟妙惟肖”的画像，是一幅铅笔写生画，作于玻利瓦尔逝世前一年，现收入卡拉卡斯的阿尔弗雷多·博尔顿藏品。画像上的玻利瓦尔看起来神态悲伤、憔悴不堪。[39]然而，更重要的是马尔克斯如何突出了玻利瓦尔的加勒比特征。在作于19世纪一二十年代的很多画像中，玻利瓦尔的肤色确实各不相同。小说叙事者称，作于海地的两幅石印画真实反映了他的加勒比/非洲传承，这也许是对的；但是，从来没有人能够证实，玻利瓦尔有非洲血统，而且更多的肖像将他画成西班牙人后裔，这也是事实。不过，马尔克斯愿意强调玻利瓦尔的加勒比出身，这样就可以让他更加接近自己，也更加接近菲德尔·卡斯特罗。

在将军身上确实有一点马尔克斯的影子。玻利瓦尔在晚宴上批评一位法国人说：“你们花两千年都没做好的事情，别指望我们在二十年就能做好”(第113页)；更加辛辣的是：“见鬼去吧，请让我们安静地度过我们的中世纪！”(第113页)这恰恰就是加西亚·马尔克斯1982年诺贝尔奖致辞的观点。此外，马尔克斯笔下的玻利瓦尔跟菲德尔·卡斯特罗也不无相似之处。虽然在现实中玻利瓦尔的情人曼努埃拉·塞因斯没有承担秘书的职责，在小说里，她是玻利瓦尔的秘书："为了随时能够见到她，将军任命她做他的档案馆长，这样他们就很容易随时随地满足做爱的需求了"（第137页）；这有点让人联想到菲德尔·卡斯特罗与塞莉亚·桑切斯的关系，马尔克斯肯定知道，在好几年时间里，她是他的情人兼秘书。据乌维尔·马托斯回忆："她是个好人，宽宏大量，热衷于社会正义……我到那儿的时候，她跟卡斯特罗的暧昧关系是显而易见的，她是他的情人兼秘书。卡斯特罗跟我说，她'很有用'。"[40]

就像巴尔扎克的《人间喜剧》，马尔克斯的小说世界宛如一系列相互环扣的画卷，我们可以在大的故事框架里发现一些旁枝末节，其更加广泛的意义，会在以后的作品中显现出来。例如，《迷宫里的将军》里有一条疯狗，咬了好几个人，包括一个在奴隶居住区晃荡的年轻白种女人，后来这条狗被捕杀，吊起来了：

> 大街上惊恐犹存。那天早上，一条疯狗咬了好几个人，有大人，也有孩子，其中有一个从卡斯铁尔来的白种女人，在她不该去的地方瞎逛，还有一些奴隶居住区的孩子，他们自己设法用石头把狗砸死了。死狗吊在学校门口一棵树上。后来，蒙蒂利亚将军让人把狗烧掉，不光是为了环境卫生，还为了阻止有人用非洲魔法驱散狗的鬼魂。（第150页）

这就是谢尔瓦·玛利亚，一个被疯狗咬伤的年轻西班牙拉美女人的故事,全部细节出现在《爱情和其他魔鬼》(*Del amor y otros demonios*,1994①)。1990年,《迷宫里的将军》在美国出版,但是在批评界并未获得好评,也远远不是畅销书。《纽约时报》的评论代表了普遍看法:

> 玻利瓦尔生平的历史事实并没有激起作家的想象力,反而似乎捆绑了马尔克斯先生令人敬畏的天才,让这本书小心谨慎地局限于世俗琐事。小说里经常会出现大段解说,概括玻利瓦尔的追求与成就;那些不那么出名的战役和政治运动,至少在北美读者看来冗长混乱,偏离了叙述主线。[41]

1992年,短篇小说集《十二篇异国旅行的故事》(*Doce cuentos peregrinos*)在马德里出版,一年之后,英译本在美国出版。马尔克斯把之前12年所写的短篇小说放进了这个集子。[42]整本书的主题是拉丁美洲人在欧洲遭遇的奇闻逸事(《序言》第14页);马尔克斯在《序言》中告诉读者,70年代初,他在巴塞罗那居住了五年,这个主题就是那时出现在一个梦中:他在梦中出席了自己的葬礼,不可思议的是,葬礼是个相当开心的场合,因为他能够跟多年不见的老朋友相聚;朋友纷纷离去的时候,他想跟他们一起走,却被告知,他是唯一不能离开的。根据原来的计划,这个梦本来是书中第三个故事的素材,但是最终没有写成(《序言》第15页)。

---

① 此处原文为"1974",根据小说发表实际时间更改为1994。译者注。

这未免让人觉得遗憾，因为这个梦非常生动地表现了马尔克斯文学创作的核心主题之一：自我的异化；在自己的葬礼上现身，是自我异化最极致的表现。马尔克斯用这个自我异化的意象来说明拉丁美洲人在欧洲意味着什么，确实令人浮想联翩，因为这个意象的隐喻是，拉丁美洲不可思议地在欧洲看到已经死去的自我。遇见已经死去的自我，这曾经在马尔克斯早期作品中出现过无数次——早在《第三次无可奈何》就有迹可循——然而，身处欧洲，可以用更加鲜明的色彩勾勒出这个窘况。

不可思议的感觉在不同的故事里，以不同形式得以展现。例如，《圣女》（"La santa"）说的是一个美丽女孩儿神奇的故事，女孩儿七岁的时候死了，人们发现，她的尸身不但不会腐烂，而且完全没有重量。显然，这个故事的部分素材，来自马尔克斯 50 年代在罗马电影实验中心时发生的事情。塞萨扎·瓦蒂尼曾经用此编过一个小品，他见过女孩儿的尸身，但是认为拍成电影行不通，因为没人会相信这个故事。[43]这个短篇小说集里的所有故事，在一定程度上都有无法解释的谜。比如《享乐的玛利亚》（"Maria dos Prazeres"），结尾时留下一个问题，故事之外还会发生什么呢：死亡、性、还是爱情？故事本身无法为我们提供答案，因为答案超出了叙述范围。[44]《雪地上的血迹》（"El rastro de tu sangre en la nieve"，第 199—226 页）叙述了内娜·达孔特与毕利·桑切斯·德·阿维拉的爱情故事，他们在马尔贝利亚初次见面，然后相爱结婚。小说开始的时候，他们正开车去巴黎度蜜月。内娜戴戒指的手指割伤了，伤口无法愈合；她坚持上路，并且一路走下来了，但是，伤口之外，还有其他麻烦事儿，她已经有两个月的身孕，到了巴黎必须马上住院治疗。因为医院规章制度的限制，比利好几天都无法探望妻子，等他终于获准去探望时，发现妻子已经去世，他连葬礼都没赶上。有关这个故事，杰拉德·马丁的观点很有说服力，他认为这个奇怪而不现实的故事，以虚构的形式，遮盖着加博与塔奇雅50年代在巴黎以悲剧和流产告终的恋情。[45]这个集子的点睛之作是《一路顺风，总统先生》("Buen viaje, señor Presidente")。故事说的是救护车司机和流亡总统神奇的邂逅，他们都来自加勒比，现在居住在瑞士。司机想趁机骗取总统身上的钱，但是，情节出乎意外地在政治上来了个奇怪的转折，最后他对总统心怀同情，还替总统支付了医院费用。人与人之间惺惺相惜的同情心，战胜并且超越了一切政治偏见。

第七章

“第三位教皇”

1994年,加西亚·马尔克斯发表了《爱情和其他魔鬼》(英文版1995年)。这部十分有感染力的作品源自哥伦比亚丰富多彩的民间故事,尤其是奴隶讲述的故事,将梦幻、情感世界与黑人身世紧密结合。跟作者过去的一些作品相比,小说在结构上更加传统。[1]女主人公是名叫谢尔瓦·玛利亚的年轻姑娘,据说她被魔鬼缠住了,因此被关在圣克拉拉修道院,在主教的旨意下,由她的忏悔神父卡耶塔诺·德劳拉对她加以检查,并实施驱魔。然而,教会成员都是白人,是西班牙裔的拉美人,而且带有种族偏见,小说产生了这样的疑问:他们所认为的魔鬼作祟,其实不过是谢尔瓦·玛利亚心目中的非洲宗教在发挥作用。非洲宗教的魔力集中在她的项链,谁也不能让她把项链摘下来;后来项链被人强行夺走,结果是那人摔倒在地,头颅破裂。谢尔瓦·玛利亚的名字显示出,她不但是黑人,而且与大批被带到哥伦比亚,尤其是卡塔赫纳的黑奴有关。小说一开始颇有现代新闻报道的味道,显然有青年时代马尔克斯的影子；同时，谢尔瓦·玛利亚也是魔幻现实的象征，比如她从来不剪头发，长发足有20米长。从文学理念看，小说建立在一系列二元对立之上：黑与白、主人与奴隶、男性与女性、理性与迷信、现实与魔幻。谢尔瓦·玛利亚粗鲁怪异（她咬人、吐口水、打架，从来不盥洗），与在西班牙萨拉曼卡大学受过教育的忏悔神父德劳拉，完全是风马牛不相及的人，然而，小说告诉我们，德劳拉如何逐渐爱上了谢尔瓦·玛利亚，让她给迷住了。

在某种意义上，《爱情和其他魔鬼》可以被看作是殖民过程的戏剧再现。小说揭示，马尔克斯魔幻现实主义风格灵感之源泉，是哥伦比亚的非洲传承，小说中谢尔瓦·玛利亚以及她所代表的特性，就是这种传承的缩影。她的魔幻本性，能让主教心腹无可救药地爱上她；她是非洲黑人，会说好几种非洲语言；她非常迷信，为保住她的项链，不惜拼命反抗（项链被盗之后，小偷也命丧黄泉）；她是个被主教关押的奴隶；她能够与极具穿透力的想象力共处（卡耶塔诺·德劳拉梦见萨拉曼卡白雪皑皑的田野，多年前他曾在那里接受神职培训，而她能够在梦中进入卡耶塔诺·德劳拉的梦境）；她充满旺盛的生命力，即便死神降临，双眼依旧"炯炯有神"，皮肤依然宛如新生婴儿。对谢尔瓦·玛利亚头发的描写暗示，她能够战胜死神：她剃光的头上又长出新发，"一缕一缕的头发像泡泡似的涌现出来"（第160页）[2]；而"像泡泡一样"的头发，与"一串串金色的葡萄，她刚刚吃完就又长出来"（第160页），在视觉效果上是有关联的。这也说明，小说的结局是魔幻现实主义的。

小说与《霍乱时期的爱情》有一个共通之处：探索疾病与爱情

的关系。我们不知道谢尔瓦·玛利亚是患了狂犬病，还是为爱情而神魂颠倒（对小说里种种迹象的客观分析，会让我们觉得她确实是患了狂犬病，因为我们知道她给疯狗咬过，而其他让这条灰狗咬过的人后来都死了）；另外一个可能性是，她身上戴的非洲护身符为她消灾祛病，让她远离疾病。很多人都把她当作魔鬼，看守人称她为“魔鬼的野兽”（第 148 页），大家以为她会隐身，主教决定为她驱魔，但实际上，她是深深爱上了卡耶塔诺。卡耶塔诺触摸她的时候，她身上吹出“一阵海风”（第 137 页），他们心醉神迷地为对方朗诵加尔西拉索的情诗（第 136—137 页）。

加西亚·马尔克斯一向喜欢尝试各种体裁的创作，他写了个剧本《落向入座男子的爱之恶语》（*Diatriba de amor contra un hombre sentado*），剧本完成于 1987 年 11 月，并于 1994 年 3 月 23 日在哥伦比亚波哥大国家剧院上演，当时正值第四届伊比利亚美洲戏剧节，劳拉·加西亚任主角（其实她也是剧中唯一的角色）。剧中人娜塔利亚在银婚纪念日对丈夫恶语相向，滔滔不绝，哀叹他们的爱如何随着岁月流逝而变得淡漠，丈夫则闷不作声（根据舞台说明，他只是个“假人”）。[3]娜塔利亚的独白才思敏捷、细致入微、充满激情，与马尔克斯有些呆板的对话风格大相径庭。

马尔克斯的议事日程从来没有远离过政治。90 年代，他与卡洛斯·富恩特斯采访了美国总统比尔·克林顿——后来马尔克斯又与克林顿进行了第二次私人访谈——他们讨论的问题之一是对古巴的封锁。克林顿留给马尔克斯的印象是，他并没有清晰地解除封锁政策，而是更加担心解除封锁会在美国内部产生政治上的难题，进而在即将到来的选举中，危及他的胜数。[4]

1996 年，加西亚·马尔克斯发表《绑架新闻》（*Noticia de un secuestro*）（英译本 1997 年），这部纪实小说在讲故事的同时，也展示了人们是如何向他人讲述故事的。作品沿用四十多年前由《遇难者的故事》开启的，新新闻主义的新闻调查风格，讲述 90 年代初期哥伦比亚大毒枭巴勃罗·埃斯科巴尔匪徒绑架人质案中，几名人质极具戏剧性的遭遇。一如他过往的叙事风格，《绑架新闻》经过一丝不苟的调查研究，其素材包括对相关人士的一系列口头采访、主要人物玛鲁哈·帕琼的书面材料，加上对当时政治与媒体内幕背景的大量调查。小说始于玛鲁哈·帕琼遭遇绑架，以她的获释为结尾，她在波哥大北部一处安全藏身处被关押了 193 天（第 301 页）[5]。尽管整部作品主要根据玛鲁哈·帕琼的经历写成，在故事主线周围，还夹杂了其他几个故事。包括帕乔·桑托斯的故事（埃斯科巴尔为了保证他一旦自首，不会被引渡到美国，以释放人质作为讨价还价的筹码，帕乔·桑托斯与玛鲁哈因此同时获释）；贝阿特利斯·比利亚米萨尔·德格雷罗的故事（她与玛鲁哈同时被绑架，但是较早获释；第 94—95 页）；玛丽娜·蒙托亚的故事（她被绑架她的人所杀害；第 147 页）；和黛安娜·图尔巴伊的故事（精锐部队试图解救她，但是却令她在混乱中丧生；第 164—169 页）。

作家以娴熟的手法，将不同的故事在小说中分别展开，各自具有一定的独立性，以此再现人质及其亲属所经历的，山雨欲来风满楼的危机感。例如，一天夜里，玛丽娜被带走，说是转移到另外一个地方；她后来的遭遇，玛鲁哈与贝阿特利斯当时一无所知，因为她们的电视和收音机都被没收了。读者也不明真相：第五章结束时,后面将会发生什么依然是个谜,直到我们翻开第六章,看到:“第二天,24 日星期四,天亮的时候,玛丽娜·蒙托亚的尸体被发现……”(第 147 页),这才真相大白。玛丽娜之死是个恐怖的事件,而她死之前所经历的与死亡有关的神奇幻觉,使这件事更加令人毛骨悚然;根据其他人质的说法,玛丽娜在洗衣房遇到一个黑衣男子,盯着她看,但是其他人都看不到这名男子(第 140—141 页)。小说制造悬念的手法非常讲究,贝阿特利斯被带走的时候,出现的是一连串曾经发生过的事情:“看到同样的门打开,听到相同的双关语,不知道意味着死刑还是自由;她的命运同样是谜”(第 189 页)。读者被蒙在鼓里,不知道下面会发生什么,直到人质获释那一刻。比如,直到玛鲁哈和帕乔获释之前,我们都不相信他们能获得自由。显然,马尔克斯在叙事风格上,尽量避免叙事者预知故事情节,而更倾向于让叙事者与读者一样,所知甚少。《绑架新闻》在讲述人质痛苦遭遇的同时,描述了发生在政治圈子里的幕后谈判,以及媒体如何一方面被用来操纵民意,另一方面通过他们的文章暗度陈仓,向人质传送信息;看似陈述事实,其实眼光独到,处处着眼于增加事件的戏剧性效果,无论这些事情是发生在政治、私人或者宗教领域。

1998 年 1 月份,教皇约翰·保罗二世访问古巴。古巴革命初期,菲德尔·卡斯特罗持正统的反宗教观念,因为禁止庆祝圣诞节而举世闻名,如今他的观念有所改变,对天主教采取了和解态度。他曾经多次与解放神学派的巴西神学家弗雷·贝托长谈,他们之间的对话于 1995 年出版。[6]书中反复出现的主题是,倘若基督活在现世,他会愿意创造一个跟古巴一样的社会。90 年代末,卡斯特罗甚至允许国民庆祝圣诞节。教皇约翰·保罗二世 1998 年 1 月 21 日至 25 日对古巴的访问,具有历史性意义,因为这不但是卡斯特罗上台之后第一次欢迎教皇访问古巴,而且还是教皇在历史上第一次访问这个岛国。卡斯特罗以私人名义,邀请马尔克斯在教皇来访期间到古巴来,这样规格的邀请,表明了卡斯特罗和加博之间亲密无间的非凡友谊。的确,他们之间的关系是如此密切,迎接教皇到访古巴之后,卡斯特罗马上到礼宾别墅去看望加博和梅塞德斯。[7] 1 月 25 日,教皇在哈瓦那革命广场举行特别弥撒,成千上万的人出席了这项活动。马尔克斯在前排就座,身边是卡斯特罗。看着马尔克斯面对约翰·保罗二世,坐在卡斯特罗身边,西班牙作家曼努埃尔·巴斯克斯·蒙塔尔万突然觉得,这位哥伦比亚作家就像"第三位教皇"。[8]

这位"第三教皇"多年来不断把书稿寄给菲德尔,让他挑错。比如,他曾经寄过《遇难者的故事》,菲德尔指出,船的速度不对,按照书上写的速度,船不可能在所说的时间到达。菲德尔还曾经指出,《一桩事先张扬的凶杀案》里对猎枪规格的描写有误。这两处错误,都在出版之前得到纠正。[9]相类似的例子还有,卡斯特罗看了《爱情和其他魔鬼》手稿之后,建议马尔克斯给一匹驮着人的马增加几岁年龄,因为 11 个月大的马,只是一匹小马驹;结果马尔克斯把马的年龄改成了一百岁。[10]秘鲁小说家布莱斯·埃切尼克对两人的关系有独到见解:

> 如果有谁能够身在古巴,而且当着菲德尔的面批评古巴,那就是加博了。这位非凡的作家,尽管能够洞察

秋毫，却性格随和；他被看作是卡斯特罗最杰出的忠实支持者，在我写这些话的时候，他也是卡斯特罗最后一个忠实支持者了；我相信，加博一度住在古巴，可能是因为在那里没人会打扰他，能让他不受干扰地工作，不受干扰地做出决定，愿意的话，可以离群索居，还因为，用英国人的说法，加勒比总是最合他意的地方（his favourite cup of tea）。[11]

虽然加西亚·马尔克斯表示他赞同阿根廷作家胡利奥·科尔塔萨的格言：“扼杀一个作家的最佳捷径是强迫他做国家的代表”，然而，正如曼努埃尔·巴斯克斯·蒙塔尔万所指出，马尔克斯确实是代表了哥伦比亚，而且在某种程度上，也代表了古巴和卡斯特罗。[12]《时代报》总编辑恩里克·桑多斯·卡尔德隆曾经如此评论马尔克斯在哥伦比亚的声望：“在一个没落的国家，加博是民族骄傲的象征。”[13]

1998年，马尔克斯决定尝试做个出版人，当年11月25日，马尔克斯夫妇与几个新闻记者一起，收购了哥伦比亚文化政治期刊《变化》（*Cambio*）。90年代后期，《变化》发行量一直在下降。这次收购，马尔克斯用的是在瑞士银行存了16年的诺贝尔奖奖金。他告诉乔恩·李·安德森：“我发誓这是真的，我把那笔钱给忘了。”[14]第二年1月底，在波哥大举行了盛大宴会，庆祝《变化》的重生，应邀参加的客人有两千人。马尔克斯把这次收购看作重返记者生涯的回归之路。在杂志的推介活动上，他对新闻记者说：“当新闻记者是我唯一喜爱的职业，我一直把自己看作是记者。”

2000 年 3 月 4 日，马尔克斯与菲德尔・卡斯特罗在古巴雪茄节闭幕晚宴上

但是，获得诺贝尔奖之后，情况发生了变化。“没有人愿意用我，因为价钱太贵了。所以现在我来付钱，好让自己能够发表文章。”[15]他开始在《变化》上发表文章，其中一篇特别轰动。他为身陷莫妮卡・莱文斯基丑闻的克林顿辩护：“总统想做的，不过是普通男人背着妻子一直在做的，开天辟地，从来如此。清教徒愚钝不堪，不但不让他如愿以偿，甚至还要剥夺他否认这事儿的权利。为了欺骗而撒谎是一回事儿，为了留住人生神话般的一刻而隐瞒真相，那完全是另外一回事儿，这是人家的私生活。”[16]他这番道理激怒了全世界的女权主义者。

也许是因为马尔克斯的声望(有人称之为点金术),也许是因为他的文章颇具争议,《变化》时来运转。第一个月零售量翻了一番,超过6000份,发行量增加到45,000份。马尔克斯说,《变化》正在新闻界寻找一个新的生存空间,摈弃"抢新闻综合征",立志于将"新闻做成文学体裁"。他认为读者想看到的,其实是记者"讲故事,回归过去的做法,让读者宛如身临其境一样,了解事情真相"[17]。马尔克斯这段话让人想起《一桩事先张扬的凶杀案》。在推介会上,马尔克斯一直待到午夜,然后回到办公室,撰写一篇有关委内瑞拉新当选总统乌戈·查韦斯的长文,搁笔之时,旭日东升,正好赶上截稿时间。"四十年没这么干过了,"马尔克斯兴奋地说,"真棒!"[18]

这时,灾难降临。1999年6月,马尔克斯在波哥大因为疲劳而入院治疗。后来,他决定咨询其他专家,当年9月,去了儿子罗德里戈所在的城市洛杉矶,作进一步检查。马尔克斯被确诊患了淋巴癌,消息很快传出,1999年7月,网上流传一封品位拙劣的恶搞信件,题为"加夫列尔·加西亚·马尔克斯告别信"。信中如是说:

> 加夫列尔·加西亚·马尔克斯,著名哥伦比亚作家,诺贝尔文学奖获得者,因为健康原因,已经退归林下。他得了无法治愈的一种癌症。他给朋友们发了一封告别信。"倘若上帝哪怕是有一秒钟,忘记了我现在是什么人,能够把我的生命延长一点点,我会尽可能好好利用。我不可能把心里想的都说出来,但是我说任何

话，都会更加谨慎。我赞赏什么东西，要看这些东西表达的是什么，而不是看其本身的价值……”[19]

这封伤感的信是这样结束的：

不要让你的亲人们离开你。当着他们的面，对他们说你多么需要他们，你多么爱他们。爱他们、善待他们；花时间告诉他们：“对不起”，“原谅我吧”；多用“请”字，多说“谢谢你”，多用所有你知道的、表达爱的词汇。你的想法秘而不宣的话，谁也不会因此而了解你。恳求主给你表达的智慧和力量，让亲人和朋友看到，他们对你是多么重要。把这封信寄给你所爱的人。如果你今天不去做，明天就会跟昨天一样；如果你永远不去做，也没有关系，现在就做。送上爱心，为你而作。你的朋友，加夫列尔·加西亚·马尔克斯。[20]

起初，有些人把这封信当真了，直到后来发现，这其实是墨西哥口技演员约翰尼·韦尔奇写的，被错认为是马尔克斯的。在其后一次采访中，马尔克斯评论道：“让我觉得特别难堪的是，有人居然真的相信，我会写出这么装模作样的诗来，真是让人丢脸。”（“Lo que más me puede matar es la vergüenza de que alguien crea que de verdad fui yo quien escribió una cosa tan cursi”）[21]时至今日，马尔克斯一直在奋力抗击癌症，这也是对这封信最好的驳斥（确实，让人感到离奇的是，那么多人依然相信这封信是真的）。马尔克斯经常回洛杉矶复查，至今癌症已经有过三次反复。

多年来加西亚·马尔克斯对古巴革命，尤其是对菲德尔·卡斯特罗的支持，从来没有动摇过。他为卡斯特罗针对1991年苏联解体的文章《明天会太晚》("Mañana será demasiado tarde", 2000)，写了热情洋溢、充满个人感情的序言。序言中描写了两人之间亲密的友谊，而这两个人都有怯场的苦恼。有一次，卡斯特罗邀请加博参加古巴的官方活动，信中这样说："尽量克服你的怯场吧(*Miedo escénico*)，就这一回，就像我经常要做的那样。"[22]而马尔克斯则留意到，"(卡斯特罗)经常用'我们'来提及他自己的所作所为，看起来好像自我膨胀(*mayestático*)，其实这是借用诗的破格(poetic license)，掩盖他的羞怯"(第10页)。2000年3月15日，马尔克斯为《变化》写了一篇有关古巴小男孩儿埃里安·冈萨雷斯的文章。因为埃里安·冈萨雷斯的缘故，古巴和美国之间展开了一场政治拉锯战。1999年11月22日，古巴人胡安·米格尔·冈萨雷斯发现，他的前妻埃利萨贝特·布罗通斯拐带他们俩的儿子埃里安，逃到迈阿密去了。菲德尔·卡斯特罗把这件事变成了针对美国的宣传战，马尔克斯紧紧跟随菲德尔，批评埃里安的母亲和他们在迈阿密的大家庭，他们正竭尽全力要把埃里安留在美国。[23]文章英文版于2000年3月29日发表在《纽约时报》。文章虽短，却也是一篇杰作，按照《遇难者的故事》的模式，以新新闻风格述事。读者走进埃里安双亲的世界，看着他们为争夺孩子而苦战，谁也不愿撒手，政治出击留在了最后：

> 埃里安被强行带到陌生的文化土壤，然而，在迈阿

密，似乎无人关心对孩子精神健康所造成的伤害。12月6日，受困迈阿密的埃里安度过他的6岁生日，在生日聚会上，主人为他照了一张相，他戴着军用头盔，身上裹着美国国旗，周围是各式武器；而就在不久之前，美国密歇根一个与他年龄相仿的小男生，用手枪射杀了一个同学。换言之，对埃里安来说，真正的遇难不是在海上，而是在他踏上美国领土那一刻。[24]

正如我们完全可以预见的，马尔克斯的偏见（*parti pris*）遭到巴尔加斯·略萨的猛烈批评[25]，他指责菲德尔·卡斯特罗的宣传攻势"玩世不恭，令人齿寒"，"利用"了埃里安事件，以至于在好几个月的时间里，"大家都在谈论被牺牲的男孩，没人说起他的暴政，也没有人提到古巴人民所忍受的灾难性的经济状况"[26]。

尽管遭到巴尔加斯·略萨的批评，加西亚·马尔克斯的声望在新世纪还是如日高升。从一本食谱的出版，可以看出作家是如何的声名远扬。2000年，哈瓦那出版了一本如何做马孔多风味龙虾的食谱，作者是厨师希尔维托·史密斯，他经常为菲德尔·卡斯特罗的特邀客人加西亚·马尔克斯准备膳食。[27]胡里奥·加西亚·埃斯皮诺萨是古巴国际影视学校发起人之一，也是马尔克斯的挚友，他告诉我，只要马尔克斯到哈瓦那来，他总是喜欢去有乐队演奏的饭店，而且乐队至少由三个人组成，马尔克斯自己是个相当棒的歌手，特别喜欢唱巴耶纳多（*vallenatos*）风格的歌曲。[28]尽管他的名声与日俱增，他的手稿拍卖行情却不尽如人意。马尔克斯曾经将《百年孤独》的长条校样，送给路易斯·阿尔科利萨和珍妮特·里森费尔德，上面有作者手写的校正，现在校样在第三方手中。2001年，这份180页的校样在巴塞罗那佳士得拍卖，但是没有卖出去。[29] 2002年11月20日，佳士得在伦敦再次拍卖这份长条校样，拍卖标的106，销售号642，最后因为未能达到30万英镑的底价而退出竞购。

人生苦短的感悟促使加西亚·马尔克斯下决心完成几年来一直在做的事情：他的自传。2002年10月，《活着为了讲述生活》终于在墨西哥隆重面世，第二年，英译版在美国出版。这部令人叹为观止的自传，看起来更像一部小说，成为马尔克斯最受欢迎的作品之一。作品的主要问题，除了有些读者觉得文学性太强之外，是自传的结尾：精雕细琢了500页之后，马尔克斯戛然止步于1955年，当时他正准备接受派遣，去欧洲做记者。有些人，比如里卡多·巴达，将《活着为了讲述生活》看作自我膨胀之作，因为这部名为自传的作品，读起来更像小说，而不是叙述个人经历的客观事实；另一方面，也有人认为采用小说叙述方式恰恰是这部自传的长项，比如埃弗拉因·克里斯达尔。[30]的确，在《活着为了讲述生活》里，我们很难为事实与虚构划界，也就是说很难界定哪些事件是实际经历，哪些事件带有虚构成分。可以确定的是，自传的虚构成分与作者小说的真实成分不相上下；换言之，在马尔克斯的文学体系里，真实、虚构、历史或者自传，没有可靠的区别。自传的传统概念是，作者用第一人称按照时间顺序客观讲述亲身经历，而马尔克斯的自传实际上是故意解构了这种传统观念。例如，《活着为了讲述生活》避开了时间顺序：开篇伊始就描写青年时期的马尔克斯陪母亲回老家卖房子，从巴兰基亚返回阿拉卡塔卡的旅途。归家途中遇到的各色人等,成为追忆过去的线索,作者一一讲述这些人跟自己过去生活相关的故事(即运用倒叙的手法)。在叙述过程中,马尔克斯有意强调生活与小说的相辅相成,经常告诉读者,自己在小说中描述过的事情,在现实中是如何发生的。例如,在火车上,他回忆起年轻的时候,那个叫马孔多的小镇如何给他留下深刻印象,他又如何将与马孔多相关的联想,用在自己的名著《百年孤独》。与母亲走在从火车站去阿拉卡塔卡的路上,他想起了短篇小说《礼拜二午睡时刻》里发生的事情,小说讲述一名女子带着女儿来到镇上,去儿子坟前献花,他在试图闯入马尔克斯姑姑家的时候被枪杀。马尔克斯对自己说,“我感觉自己仿佛就是那个贼”[31]。自传里的自我开始经历小说人物的生活。同样有意义的是,他提到当时他正在看福克纳小说《八月之光》的西班牙语译本。[32]所有这些细节,还有本书前面提到的,他父母之间的恋爱故事,都用心良苦,为的是让自传有不可忽略的文学氛围。

马尔克斯自传的文学化表明,这位哥伦比亚小说家是顽固不化的虚构老手;不仅如此,更有意思的是,我们从中可以看到,在马尔克斯写作体系里,并没有真实、历史或者客观事实的归零点。假如我们坚持常规的看法,认为在写作中首先要对现实进行客观实际的描述,然后才能以文学文本的形式表达出来,那么,我们必须承认,在马尔克斯的写作系统里,不存在讲述现实与文学表达的区别。意识到这一点,对我们如何看待他的小说,有普遍而重要的影响。譬如,马尔克斯小说批评的一个核心问题是,他的小说在多大程度上是对现实的“夸张处理”。一个典型的例子,是对

1928年联合果品公司在西安纳加镇压香蕉种植园工人的描写。那天到底杀死了多少工人？是三个，还是像《百年孤独》里所写的三千？马尔克斯谈论过这个问题，但是并没有满足渴望事实真相的批评家："我把死亡数字写成三千，是为了充分表现这个戏剧性事件史诗般的壮阔。"[33]他强调，事件的影响力意味着，三千人遇难比三人遇难更加符合事件的影响力，他还暗示，一位政府官员在国会提议为3000遇难工人默哀一分钟，说明他对事件的描述最终得到承认。[34]其实，这并不是马尔克斯试图混淆视听，蒙蔽读者，而是在他的写作系统里，本来就没有对事件绝对客观、现实、历史的描述。在这一点上，他的自传与他的小说如出一辙。小说的真实性与自传的虚构性是一致的，这一点对马尔克斯所创造的魔幻现实主义小说体裁，有着更加广泛的意义。他的小说打破了现实、真实描写与文学叙述之间的界限，因此，真实是文学（即魔幻），而魔幻（即文学）亦是真实。这种写作模式在马尔克斯手中屡试不爽，无怪乎在写自己真实生活的时候，他同样采取这种模式。2007年12月，在哈瓦那新拉美电影基金会见到加西亚·马尔克斯时，我问他有没有发表后面几部自传的打算。他说有这个打算，但是，写起来很慢。

对于他的读者来说，2004年出版的小说《追忆我忧伤的婊子们》（*Memorias de mis putas tristes*）有些出乎意料（此书英文版一年后面世），因为，既然两年前刚刚出版了回忆录第一部，而且还成为他最受欢迎的书之一，人们自然以为下一步他应该写回忆录的第二部。这部小说跟厚厚的第一部自传相比，显得十分单薄。故事说的是，一个老人决定在90岁生日的时候为自己买欢，与一位妙龄处女共度良宵。为此，他去找当地妓院的鸨母罗莎·卡瓦卡斯，罗莎把年轻妓女德尔加蒂娜介绍给他。然而，老人渐渐堕入情网，爱上了德尔加蒂娜。小说叙事者与他的创造者加西亚·马尔克斯有些共同之处，都是记者[35]，而且他的父母听起来跟马尔克斯的外公、外婆很相似（“他是个被宠坏的孩子，母亲多才多艺，50岁死于肺结核，父亲非常严厉，从来没有犯过错，在结束千日战争的尼尔兰迪亚条约签字那天，人们发现他死在已故妻子的床上。”第16页）他与马尔克斯笔下其他人物也有相似之处：他在本子上记录自己的艳遇（“20岁开始，我就把女人的姓名年龄、做爱地点记录在案，还简要写下事情经过以及做爱姿势。到50岁那会儿，我已经与541个女人至少上过一次床”；第16页），在这方面他与《霍乱时期的爱情》的弗洛伦蒂诺极其相似。《追忆我忧伤的婊子们》有若干主题与马尔克斯此前一些作品有所回应。与《霍乱时期的爱情》一样，这部作品也是围绕着无爱的性与无性的爱造成的纠结。小说有些事情发生在当地妓院，有些是以妓女的日常生活为背景（跟《纯真的埃伦蒂拉》和《一桩事先张扬的凶杀案》相类似）。另外，小说对生与死的问题有执着的关注（正如《百年孤独》和《霍乱时期的爱情》）。然而，马尔克斯过去一个显著的特点是喜欢用第三人称客观叙事，而这部小说明显脱离了过去的做法，采用的是第一人称叙事。也许这部小说之前的《活着为了讲述生活》，在这方面的影响十分关键。《追忆我忧伤的婊子们》在很多方面都可以被看作是《霍乱时期的爱情》的小型副产品，因为小说最终要告诉我们的是，真爱必胜。有两个情节可以说明这一点：一是叙事者怀疑德尔加蒂娜的贞操被他人玷污，爆发了毁灭性的疯狂(第 90 页);二是迟到的意外发现,原来德尔加蒂娜也无可救药地爱上了他("那个可怜的东西,她神魂颠倒地爱上了你";第 109 页)。

并不是所有人都欣赏这部小说。劳伦·韦纳在写给《华尔街日报》的文章中认为,"加西亚·马尔克斯惯常的异想天开,在这部小说里彻底失败了,当作者自以为那位鸡奸者加恋尸狂的魅力特别令人兴奋时,尤其如此";《卫报》上的阿尔维托·曼古埃尔觉得小说"平淡,而且因袭守旧";安德鲁·霍尔盖特则因为小说中"没有意思的格言"感到失望。[36]亚当·费恩斯坦在《泰晤士文学副刊》的文章,与这些批评意见形成了对照,他非常欣赏小说绚丽多彩的文笔。[37]让人匪夷所思的是,2007 年 10 月份,伊朗出版了小说的波斯语译本,书名经过消毒,改成《追忆我忧郁的情人们》;第一次印刷 5000 册,三周内告罄,然而就在这时,伊朗文化部以小说内容粗鄙下流、败坏民风为名,将其列入禁书。[38]小说显然没有马尔克斯过去一些作品那么成功,其主要问题也许不是小说的主题,而是书中采用的第一人称叙述,总不如过去小说中的第三人称叙述来得真实。

2006 年夏天,阿拉卡塔卡镇长佩德罗·哈维尔·桑切斯·鲁埃达展开宣传攻势,为一项修改地名的动议谋求支持,他提议将镇名改为阿拉卡塔卡-马孔多。然而,在公决的时候,参加投票的选民未达到 7400 人的法定有效人数(镇上有 5 万 3 千注册选民)。2006 年 6 月 25 日傍晚,投票站关闭不久,镇长宣布,超过 90%的票数赞同改名提议,但是,"参加人数不够多,公投结果无效"[39]。2007 年 3 月 6 日,阿拉卡塔卡为庆祝加西亚·马尔克斯

80 岁生日举行了一系列活动：阅兵仪式、特别弥撒、清晨 5 点钟点燃 80 炮焰火。[40]桑切斯·鲁埃达在接受采访时说："我们在等待大师的到来。"[41]其后，哥伦比亚文化部长埃尔维拉·奎沃·德哈拉米略宣布，政府将投资 50 万美元，重建加博与外公外婆共同度过生命中头八年的故居。"这个家对加西亚·马尔克斯写作的重要性在于，《百年孤独》原来的书名是《大屋》"，奎尔沃·德哈拉米略说。[42]然而，由于马尔克斯事先另有安排，未能参加那天的庆祝活动。不过，三个月后，2007 年 5 月 31 日，马尔克斯终于来到阿拉卡塔卡：

> 星期三，一辆被称为"马孔多黄色列车"的老式火车，隆隆驶过海岸边的贫民区，穿越作家所说的"香蕉带的奥妙区域"，在阿拉卡塔卡戛然止步。沿途数千人夹道欢迎，尖叫着"加博、加博、加博"，他们举着巨大的牌子，上面画着离经叛道的作家，笑脸上衬着超大眼镜。人们挥洒彩纸，燃放烟花，放飞黄气球；铜管乐队乐声激昂，娇小玲珑的小女生打扮成蝴蝶，翩然起舞。"快看看这些人，他们还说是我发明了马孔多"，马尔克斯眼里闪着泪花说道。[43]

加西亚·马尔克斯终于来到阿拉卡塔卡，起初他有衣锦还乡的感觉。"他仿佛是搭乘火车竞选的政治家，签名、照相、跟仰慕者握手，烈日炎炎、闷热难当，也挡不住他们在外面等待他的到来。"[44]可是，到了阿拉卡塔卡老房子外面，他却无法走下车来。首先是

2007 年 3 月 31 日访问阿拉卡塔卡，加西亚 · 马尔克斯在火车上向人群招手

因为人太多了；其次，他百感交集，很难迈出这一步。“他站起来，接着便泣不成声。因为他生命中最美好的十年是在这里度过的。”[45]

政府宣布重建故居不久，根据老房子原来布局的重建工作就开始了，马尔克斯的妹妹阿依达负责监制。故居里各个房间——加博睡觉的房间、外公招待客人的房间（女人是不能进去的）、尼古拉斯上校做手艺活的银匠工作间、厨房、餐厅、客房——在 2009 年春天修缮完毕，按照计划，现在要将那个年代的家具摆进各个房间，为故居剪彩做好准备。然而，对加西亚 · 马尔克斯能否来参观，在故居里到处走走，阿拉卡塔卡故居博物馆官方向导鲁维埃拉 · 雷耶斯表示怀疑，因为这会引起太大的感情波动。在弟妹里，只有妹妹玛格丽塔（玛戈特）跟加博在老房子里一起生活过，不久前她来参观的时候哭起来，而且哭得很厉害，身体顿感不适。[46]

每年 12 月，在古巴国际电影节期间，马尔克斯依然会给在国际影视学校学习的学生上一次研讨课。研讨课的名称是“如何写故事”（“Cómo se cuenta un cuento”），每年都按照固定程序授课。学生提出自己的设想，马尔克斯就如何把故事编好提出建议，无论是写成小说、短篇小说或者是电影脚本。故事的具体形式无关紧要，因为师生对话是围绕如何叙事展开的。在 YouTube 上有一段视频，可以让我们了解马尔克斯给学生的建议是什么，视频是根据 2006 年 12 月举办的剧本写作研讨课拍摄的。[47]就在这次去国际影视学校讲课的时候，胡里奥·加西亚·埃斯皮诺萨的妻子多洛雷斯·卡尔维诺对马尔克斯说，他现在似乎很有兴趣把自己的小说改编成电影，这有点奇怪，因为他过去一直都坚决反对这种做法。马尔克斯告诉他，以前他对拉美拍的一些电影版本很失望，所以他对欧洲版本会更加感兴趣。然而，他的回心转意不包括《百年孤独》，他在遗嘱里定下规矩，这部作品在他有生之年不能改编成电影。[48]

2007 年 3 月份，西班牙皇家语言学院在卡塔赫纳举行活动，庆祝《百年孤独》发表四十周年，暨加西亚·马尔克斯八十寿辰（2007 年 3 月 6 日）。在每年一度的卡塔赫纳电影节上（2007 年 3 月 2 日至 9 日），放映了根据他的作品改编的影片，其中包括《蒙铁尔寡妇》（1979 年米格尔·利丁导演）、《我心爱的玛利亚》（*María de mi corazón*，1979 年海梅·埃尔莫西罗导演）、《美丽的爱鸽人故事》（*Fábula de la bella palomera*，1988 年鲁伊·格拉导

2007 年 3 月，加西亚·马尔克斯与比尔·克林顿在卡塔赫纳

演)、《死亡时刻》(*Tiempo de morir*,1966 年阿图罗·里普斯坦导演)、《没有人给他写信的上校》(1999 年阿图罗·里普斯坦导演)、《公园来信》(*Cartas del parque*, 1988 年托马斯·古铁雷斯·阿莱亚导演)和《俄狄浦斯市长》(*Edipo Alcalde*,1996 年豪尔赫·阿里·特里亚那导演)。虽然几位导演,包括费尔南多·比里、米格尔·利丁和豪尔赫·阿里·特里亚那都到场了,作为贵

宾的马尔克斯却没有出现。

2007 年 3 月中旬，美洲新闻协会年度会议在卡塔赫纳举行，无疑是因为有两位贵宾，微软创始人、世界首富比尔·盖茨和美国前总统比尔·克林顿到场，马尔克斯决定出席这次会议。3 月 19 日，加西亚·马尔克斯出现在午餐会，欢迎的人群蜂拥而至：

> 一向不喜欢抛头露面的诺贝尔奖得主到场，正赶上世界上最富有的人比尔·盖茨退场。作家显然希望他也能像微软主席一样，有众多保安人员，挡住过分热情的仰慕者……他与新闻界朋友在大篷子里共进午餐，周围的人简直把他当成博物馆展品，几十个人跟站岗的警察推搡，想跟他合影、拿书来给他签名。[49]

这时他真希望他原来的保镖唐切佩在场，唐切佩过去是哥伦比亚革命武装力量成员，在 20 世纪 90 年代曾经是马尔克斯的保镖兼司机，他可不许任何人胡来。[50]尽管众所周知马尔克斯讨厌被采访，一个年轻人还是不管不顾，想试试运气：

> “能给卡拉科尔电台说几句吗？”说着，他把麦克风对着 80 岁的作家。“如果我接受你的采访，我就要接受所有人的采访。”作家答道。看到记者沮丧的表情，马尔克斯心软了，“我爱你，年轻人。”他说。午餐后，蓄着小胡子的作家拖着脚步慢慢走向朋友在等待他的越野旅行车，看上去筋疲力尽。上车之前，他举起双手。“实在

2008 年 12 月,加西亚 · 马尔克斯摄于哈瓦那

受不了了。我要去墨西哥、我要去墨西哥。"[51]

2007 年 3 月 26 日,卡塔赫纳会议中心举行特别仪式,庆祝《百年孤独》纪念版的出版。参加仪式的除了作者本人,还有哥伦比亚三个前总统——安德烈斯 · 帕斯特拉纳、塞萨尔 · 加维里亚和埃尔内斯托 · 桑佩尔 ——以及现任总统阿尔瓦罗 · 乌里韦 ·

贝莱斯[52]、乌拉圭前总统胡利奥·马利亚·桑吉内蒂、巴拿马总统马丁·托里霍斯、比尔·克林顿、墨西哥最著名的作家卡洛斯·富恩特斯、阿根廷最负盛名的作家托马斯·埃罗伊·马丁内斯、西班牙国王胡安·卡洛斯和索菲亚王后,还有最后也是最重要的,马尔克斯的妻子梅塞德斯。[53]据弗朗克·巴哈克的报道:"[加西亚·马尔克斯]步入卡塔赫纳会议中心礼堂,1200人起立欢迎,掌声雷动。这个月刚满80岁的作家,蓄着小胡子,穿着白西装,像职业拳击手似的紧握双手,高举过头。"[54]仪式上多人致辞,包括西班牙国王和把小说纪念版赠送给马尔克斯的加西亚·德拉孔查,但是,最让人期待的还是马尔克斯的致辞。杰拉德·马丁回忆道:"梅塞德斯在一旁观望,严肃中略带焦虑,暗暗祈祷:这个经历了无数挑战的人,也能够顺利度过这一关。"[55]根据弗朗克·巴哈克的报道:

2007年12月,古巴新拉美电影基金会,加西亚·马尔克斯在书上签名

在历时13分钟的发言中他回忆道，在小说1967年出版之前，整整18个月的写作过程中，妻子梅塞德斯不得不用典当首饰的钱，来付房租和买东西给两个孩子做饭吃……“我只知道，从17岁那年开始，一直到今天早上，我所做的一切就是每天早起，坐在键盘前，填满一张白纸或者空白的屏幕，使命只有一个：写一个别人没有讲过的故事，让一个还不存在的读者活得开心……我在房间里独自一人，全部武装就是两个手指和28个字母，写出来的东西居然有上百万人在看，想起来真是不可思议。”[56]

《百年孤独》豪华版赠送仪式给作家带来热情洋溢的赞辞：

“我相信在威廉·福克纳之后，他是世界上最重要的小说家。”克林顿先生如是说；他回忆起在法学院上学时读《百年孤独》，简直是手不释卷，上课的时候都在看。同为作家的卡洛斯·富恩特斯和托马斯·埃罗伊·马丁内斯，赞扬加西亚·马尔克斯给将近有五亿人使用的西班牙语带来新的生机。[57]

2007年夏天，马尔克斯到古巴，住在礼宾别墅，别墅后院有个大泳池。[58]马尔克斯想到泳池里泡一泡，没想到水底下躺着一只巨大的短鼻鳄鱼。原来他邻居，画家寇（亚历克西斯·莱拉）养鳄鱼当宠物（还有其他动物，比如鸡和孔雀），马尔克斯不在的时候，鳄鱼爬进他的游泳池乘凉。[59]这真可谓魔幻现实的一刻。

2007年12月,应导演阿尔奎米亚·培尼亚邀请,马尔克斯将"如何写故事"研讨课设在新拉美电影基金会,通常研讨课在国际影视学校为毕业班的学生开设。跟往常相比,这次授课有些仓促。起初,马尔克斯给他的好朋友打电话,说因为患流感不能去了;但是后来,似乎奇迹般地,他飞来哈瓦那,直接从机场赶到新拉美电影基金会。国际影视学校三年级学生在那里等待大师的到来,并且按照学校的传统,把每个学生都介绍给马尔克斯之后,大家才坐下。研讨课之前,谈到根据小说《霍乱时期的爱情》改编的电影,马尔克斯说他对国际报界,尤其是哥伦比亚报界,对这部影片尖刻的批评感到非常气愤。马尔克斯并没有深切参与影片的拍摄,但是,2006年12月,他与摄制组艺术团队的一个年轻助理胡安·巴勃罗·布斯塔曼特·雷斯特雷波有过一面之交。当时布斯塔曼特把样片从哥伦比亚带到古巴给他看,他看后感觉特别好。据布斯塔曼特的回忆,影片拍摄不计成本:"卡塔赫纳成为一个庞大的外景地。"[60]虽然《霍乱时期的爱情》(2007年,麦克·钮维尔导演)口碑很差(《卫报》的影评是,"中规中矩的好品位,沉闷得可怕")[61],其可取之处是对卡塔赫纳氛围的表现。马尔克斯不谙熟英语,可能是被样片的视觉效果所打动,于是有了较高的期望,错误地以为影片会获得成功。

2008年12月,普利尼奥·阿普莱约·门多萨宣布,加西亚·马尔克斯正在写新小说,将会是一个爱情故事。据阿普莱约透露:"他设想了四个版本,他告诉我,现在正设法取各个版本的精华。"[62]然而,马尔克斯再出一部作品的希望,在2009年4月破灭了,他的出版商卡门·巴尔赛尔斯证实,她并没有期待新小说的出现。她告诉智利报纸《第三界》(*La Tercera*),“我觉得加西亚·马尔克斯不会继续写作了。”他的传记作者杰拉德·马丁也同意这种说法:“我也相信加博不会再写书了,但是,我不觉得这是件值得遗憾的事情,因为,在生命之旅结束很多年之前,就能够完整连贯地结束文学生涯,对一个作家而言,应该有这样心满意足的结局。”[63]马尔克斯手上还有若干没有发表的手稿,有些是一部小说的初稿;他很快就驳斥了以上言论。据伊丽莎白·纳什报道,他“极其气愤地否认了他不会继续写作的说法,这让出版圈子好一阵热闹”[64]。加西亚·马尔克斯接着说:“这种说法毫无真实可言,真实情况是,我唯一在做的事情,就是写作……我是作家,不是出版商。我在烤炉里制作的糕点什么时候能够出炉,只有我才知道。”[65] 2007 年 12 月,马尔克斯告诉我,他在写自传的第二部,可能这是他世界各地的读者最期待的书。① 目前,他 1996 年的小说《绑架新闻》正在搬上银幕的过程中,影片将由巴勃罗·佩德罗·伊瓦拉导演,爱德华多·康斯坦丁尼制作;墨西哥女演员萨尔玛·阿耶克可能在影片中担任主角。[66]

---

① 遗憾的是,2014 年 4 月 17 日马尔克斯离世,终未能完成他下一部新书的出版,2004 年的《追忆我忧伤的婊子们》成为他生前出版的最后一部作品。译者注。

注　释

第一章　“他再也不能下棋了”

1　“他再也不能下棋了”(这是加博知道外公的朋友艾米里奥先生自杀之后说的一句话);见加夫列尔·加西亚·马尔克斯,《活着为了讲述生活》英文版(*Living to Tell the Tale*, London, 2003),伊迪丝·格罗斯曼(Edith Grossman)译,第 93 页。有时我会采用该自传的西班牙语原版。

2　《活着为了讲述生活》,第 60 页。

3　据加博的弟弟路易斯·恩里克称,加博生于 1927 年 3 月 6 日,而不是许多人仍然相信的 1928 年。这个年份错误源于 1955 年。当时加博的文章 *Relato de un náufrago* 在《观察家报》(*El Espectador*)发表之后,引起罗哈斯·皮尼利亚政府的不满,他不得不远走他乡。离开哥伦比亚时,相关文件上所注出生日期是 1928 年,直到最近这个错误才被纠正。见“Ni yo soy diablo ni Gabito es santo”,西尔维亚·加尔维斯(Silvia Galvis),《加西亚·马尔克斯家族》(*Los García Márquez*, Medellín, 2007),第四版,第 115—139 页。路易斯·恩里克说,加博将出生年份改成 1928 年,是为了让自己的生日与香蕉大屠杀同年;见达素·萨尔迪瓦(Dasso Saldívar),《加西亚·马尔克斯传:回归本源》(*García Márquez: el viaje a la semilla: la biografía*, Madrid, 1997),第 68 页。

4　《活着为了讲述生活》原文版(*Vivir para contarla*),第 75 页;插图第 4 页。

5 萨尔迪瓦,《加西亚·马尔克斯传》,第 86 页。

6 路易莎·桑蒂阿加死于 2002 年;加西亚·马尔克斯在自传里提到过母亲的去世;见《活着为了讲述生活》原文版(Barcelona, 2002),第 58 页。

7 杰拉德·马丁(Gerald Martin),《马尔克斯的一生》(*Gabriel García Márquez: A Life*, London,2008),第 31 页。

8 萨尔迪瓦,《加西亚·马尔克斯传》,第 111 页。

9 安加里塔神父的信是在 1929 年 1 月由自由党政治家埃列塞尔·盖坦(Eliécer Gaitán)在国会宣读的,当时这位将会改变哥伦比亚政局的政治家还默默无闻。1948 年 4 月年富力强的盖坦被刺客残忍地夺去生命。见埃列塞尔·盖坦,*La Masacre en las bananeras: documentos testimonios*(Bogotá, n.d.)。

10 阿普莱约·门多萨(Apuleyo Mendoza),《番石榴飘香》(*The Fragrance of Guava*, London,1983),第 17 页。

11 鲁维埃拉·雷耶斯(Rubiela Reyes),接受笔者采访,哥伦比亚,阿拉卡塔卡,2009 年 2 月 26 日。

12 同上。

13 尼古拉斯上校鼓励小加博画画,相信他会成为一名画家,见《活着为了讲述生活》第 82—83 页。这幅画现保存在阿拉卡塔卡的马尔克斯故居。

14 萨尔迪瓦,《加西亚·马尔克斯传》,第 110 页。

15 鲁维埃拉·雷耶斯,接受笔者采访,阿拉卡塔卡,2009 年 2 月 26 日。

16 J. G. 科博·博尔达(J. G. Cobo Borda),"En el corazón de Macondo: Aracataca",*Gabriel García Márquez: los cuentos de mi abuelo el coronel*(Cali, 1988), pp. 1-3 (p. 3)。

17 马丁,《马尔克斯的一生》,第 35 页。

18 鲁维埃拉·雷耶斯,接受笔者采访,阿拉卡塔卡,2009 年 2 月 26 日。

19 加尔维斯,《马尔克斯家族》,第 65 页。

20 马丁,《马尔克斯的一生》,第 37 页。

21 鲁维埃拉·雷耶斯,接受笔者采访,阿拉卡塔卡,2009 年 2 月 26 日。

22 19 这个数字是加西亚·马尔克斯提供给达索·萨尔迪瓦的(见《加西亚·马尔克斯传》,第 103 页);杰拉德·马丁猜测尼古拉斯"有更多,甚至是几十个私生子女"(见《马尔克斯的一生》,第 5 页)。

23 海梅估计他外祖父尼古拉斯上校有十二个私生子女;见加尔维斯,《马尔克斯家族》,第 41 页。有九个私生子女已经得到确认,根据这个说法,还有三个没确认,当然可能还有更多(见上注)。加西亚·马尔克斯家族的合法婚姻家庭里也同样穿插着非婚生现象:加西亚·马尔克斯的父亲和外祖母都是生于婚外;他父亲生了四个私生子女。

24 萨尔迪瓦,《加西亚·马尔克斯传》,第 103 页。

25 Guiomar Dueñas Vargas, *Los hijos del pecado: legitimidad y vida familiar en la Santafe de Bogotá colonial* (Bogotá, 1997), p. 17.

26 Maria Emma Mannarelli, *Pecados públicos: la ilegitimidad en Lima, Siglo xvii* (Lima, 1994), p. 23.

27 Dueñas Vargas, *Los hijos del pecado*, pp. 44–45.

28 例如波哥大市的缔造者和市长胡安·奥尔特加留下六千比索的遗产给他的私生女,Dueñas Vargas, *Los hijos del pecado*, p.56。

29 Dalín de Jesús Miranda Salcedo, *Legitimad e ilegitimidad familar: el problema del control social en Barranquilla* 1880–1930 (Barranquilla, 2000), p. 97.

30 Miranda Salcedo, *Legitimad e ilegitimidad familiar*, p. 108.

31 萨尔迪瓦,《加西亚·马尔克斯传》,第 30 页。

32 Miranda Salcedo, *Legitimad e ilegitimidad familiar*, p. 116;笔者译。

33 有九个私生子女的姓名可以确定。根据萨尔迪瓦，他们是：何塞·马利亚·巴尔德布兰科斯·马尔克斯、卡洛斯·阿尔维托·巴尔德布兰科斯·马尔克斯、萨拉·诺列加·马尔克斯、玛利亚·格里戈莉亚·鲁伊斯·马尔克斯、埃斯特万·卡里略·马尔克斯、埃尔维拉·卡里略·马尔克斯、尼古拉斯·戈麦斯 ·马尔克斯、雷米迪奥斯·努涅斯·马尔克斯、佩特罗尼拉·阿里亚斯·马尔克斯（见附录马尔克斯·伊瓜兰家族“Los Márquez Iguarán”）。马丁在其传记《马尔克斯的一生》第572—573页提供了这九个姓名，但是除了佩特罗尼拉之外，全部没有加上父姓“马尔克斯”。

34 《活着为了讲述生活》，第89页。

35 鲁维埃拉·雷耶斯，接受笔者采访，阿拉卡塔卡，2009年2月26日。

36 同上。

37 萨尔迪瓦，《加西亚·马尔克斯传》，第26—27页。

38 同上，第32页。

39 同上，第41—45页。

40 同上，第49页。

41 同上，第44页。

42 同上，第26页。

43 同上，第27页。据萨尔迪瓦所说，马尔克斯上校因为杀害梅达多·帕切科·罗梅罗在圣玛尔塔服刑一年，出狱后全家于1909年搬到西安纳加，萨尔迪瓦还说，“上校搬家主要是因为他的相好伊莎贝丽塔·鲁伊斯也住在那儿，他们1885年在巴拿马相识，第二年生下玛利亚·格里戈莉亚·鲁伊斯”（第45页）。后来联合果品公司在阿拉卡塔卡的业务不断扩张，上校才在1910年8月带着妻子和三个孩子（胡安·德迪奥斯、玛格丽塔和路易莎·桑蒂阿加）举家迁移阿拉卡塔卡（第45页）。我们甚至可以猜测，尼古拉斯上校留给伊莎贝丽塔·鲁伊斯的分手礼是一个尚未出世的孩子,这孩子18年之后在1928年12月6日被政府军杀害。

44 《活着为了讲述生活》,第79页。

45 萨尔迪瓦,《加西亚·马尔克斯传》,第105页。

46 马丁,《马尔克斯的一生》,第48页。

47 玛戈特,"Mi vida ha sido una lucha contra la pobreza de todos",加尔维斯,《马尔克斯家族》,59—88页(第63页)。

48 马丁,《马尔克斯的一生》,第47页。

49 出自玛戈特;见加尔维斯,《马尔克斯家族》,第64页。

50 出自2008年12月8日伦敦城市大学讲座。萨尔迪瓦在他的书中,对所谓"真正的死人"(muertos de verdad)也有类似的说法,见《加西亚·马尔克斯传》,第98页。

51 马丁,《马尔克斯的一生》,第50页。

52 《活着为了讲述生活》,第92页。

53 同上,第92页。

54 《活着为了讲述生活》原文版,第118—119页。

55 《活着为了讲述生活》,第138页。

56 鲁维埃拉·雷耶斯,接受笔者采访,阿拉卡塔卡,2009年2月26日。

57 《活着为了讲述生活》,第139页。

58 同上,第88—89页。

59 加尔维斯,《马尔克斯家族》,第67—68页。

60 鲁维埃拉·雷耶斯,接受笔者采访,阿拉卡塔卡,2009年2月26日。

61 同上;另见《活着为了讲述生活》,第97页。

62 《活着为了讲述生活》,第154页。

63 阿普莱约·门多萨,《番石榴飘香》,第21页。

64 《活着为了讲述生活》,特别见第3—5页。

65 阿普莱约·门多萨,《番石榴飘香》,第20页。加西亚·马尔克斯在哥伦比亚人称“*mamagallista*”(见乔恩·李·安德森[Jon Lee Anderson],“El poder de Gabot”, *Semana*, 1999年10月4日至11日, pp. 46-66),西尔维亚·加尔维斯认为,路易莎·桑蒂阿加是加西亚·马尔克家族里 *mamagallismo* 基因的源头。“Mamagallismo”直译是“拽别人的腿”(即“取笑或者愚弄别人”,译者注)(加尔维斯,《马尔克斯家族》,第17页及第13页)。另见 Margret S. de Oliveira Castro, *La lengua ladina de García Márquez* (Bogotá, 2007), pp. 167-168。

66 萨尔迪瓦,《加西亚·马尔克斯传》,第133—134页;笔者译。

67 玛戈特,“Mi vida ha sido una lucha contra la pobreza de todos”,加尔维斯,《马尔克斯家族》,第54—88页(第70页)。

68 阿依达,“Jamás me convencieron de que bailar fuera pecado”,加尔维斯,《马尔克斯家族》,第89—114页(第93页)。

69 阿普莱约·门多萨,《番石榴飘香》,第21页。

70 加西亚·马尔克斯谈论过外公和父亲的“越轨行为”,但是认为这些事儿无关紧要,一点意思都没有(《活着为了讲述生活》,第51页),但是从他的小说看,却完全不是这么回事儿。

71 52.4%是合法婚生,46.9%是私生子女;Mirando Salcedo, *Legitimad e ilegitimidad familiar*, p. 99。

72 《活着为了讲述生活》,第49页。

73 鲁维埃拉·雷耶斯,接受笔者采访,阿拉卡塔卡,2009年2月26日。

74 马丁,《马尔克斯的一生》,第70页。

75 加尔维斯,《马尔克斯家族》,第55页。

76 转引自马丁,《马尔克斯的一生》,第70页。

77 《活着为了讲述生活》,第51—52页。

78 路易斯·恩里克,"No yo soy diablo ni Gabito es santo”,加尔维斯,《马

尔克斯家族》,第 115—139 页。

79 《活着为了讲述生活》,第 161—162 页。

80 《活着为了讲述生活》,第 168 页。

81 同上。

82 同上,第 184—187 页。戈麦斯·塔马拉还借给他一本陀思妥耶夫斯基的小说《双重人格》,而双重人格的概念最终会成为加西亚·马尔克斯最喜欢用的文学隐喻(见本书第四章论述)。

83 同上,第 70 页。

84 同上,第 216 页。

85 同上。

86 根据路易斯的说法,见加尔维斯,《马尔克斯家族》,第 137 页;另见《活着为了讲述生活》,第 217 页。

87 《活着为了讲述生活》,第 218 页。

88 乔恩·李·安德森,"El poder de Gabo", p. 48。

89 阿普莱约·门多萨,《番石榴飘香》,第 22 页。

90 马丁,《马尔克斯的一生》,第 84 页。

第二章 "一分灵感,九分汗水"

1 加西亚·马尔克斯告诉 J. G. 科博·博尔达,"一分灵感,九分汗水"是他工作的秘诀。见"Vueltas en redondo en torno a Gabriel García Márquez", *Para llegar a Gabriel García Márquez* (Bogotá, 1997), pp. 45-100 (p. 63)。

2 在这两条街拐角附近的出事地点,有一块饰板纪念这次事件。

3 这条路现在是第八大道;达素·萨尔迪瓦,《加西亚·马尔克斯传》(Madrid,1997),第 176 页。

4 研究哥伦比亚暴力的经典著作是赫尔曼·古斯曼·坎波斯(Germán Guzmán Campos)的两卷本 *La violencia en Colombia: estudio de un proceso social* (Bogotá,1977),第八版。这套书虽然带有说教倾向,但是从社会学角度引发了相关辩论。

5 转引自马丁,《马尔克斯的一生》,第 106 页。

6 加夫列尔·加西亚·马尔克斯,《活着为了讲述生活》英文版(London,2003),伊迪丝·格罗斯曼译,第 281 页。

7 加西亚·马尔克斯在回忆录里提到过错误记忆;见《活着为了讲述生活》,第 52 页、第 63 页。这些错误记忆在感觉上,与据称是真实记忆一样的真实。

8 例如,据马丁称:"加西亚·马尔克斯立即跑到案发现场,但是奄奄一息的盖坦已经被送去医院了。"《马尔克斯的一生》,第 106 页。

9 《活着为了讲述生活》,第 282 页。

10 同上,第 283 页。

11 "Cómo se llevó a cabo el crimen más horrendo cometido en el país",《时报》,xxxviii/13147 (1948 年 4 月 12 日),第 1 版。

12 海梅·基哈诺·卡瓦列罗(Jaime Quijano Caballero),"Cómo nació el motín en Bogotá: una reconstrucción de los hechos del 9 de abril, por un testigo presencial",《时报》,xxxviii/13149 (1948 年 4 月 16 日),第 11 版。

13 萨尔迪瓦,《加西亚·马尔克斯传》,第 195 页。

14 史蒂芬·哈特(Stephen Hart),《拉丁美洲文学指南》(*A Companion to Latin American Literature*, London, 2007),第 277—278 页。

15 有关加西亚·马尔克斯的新闻作品以及新闻作品在他小说创作中的奠基作用,Pedro Sorela 做过出色研究,见 Pedro Sorela, *El otro García Márquez: los años difíciles* (Madrid, 1988)。

16 豪尔赫·加西亚·乌斯塔(Jorge García Usta), *Como aprendió a escribir García Márquez* (Medellín, 1995), p. 24。

17 同上,第16—B页,C(插图数目),第22页。

18 正如他在1949年8月2日《环球报》社论中所写:"语言规则对于所有希望写作的人来说,都是有效的,即便是在保守党统治之下。正如我们的宪法所告知,不懂法不构成违法的理由。"(加西亚·乌斯塔, *Como aprendió a escribir García Márquez*, p. 21)他非常出名的举动是,用红笔修改为他工作的记者所写下的每个句子,加西亚·马尔克斯的也不例外(加西亚·乌斯塔,第68页)。加西亚·马尔克斯从1949年6月24日开始用笔名Septimus写作(加西亚·乌斯塔,第91页)。加西亚·乌斯塔指出加西亚·马尔克斯在其早期新闻写作中形成的一种技巧:"以幽默的笔法"去写一个虽然不同寻常,但是真实的事件,"进而通过事件的随意性,揭露其社会背景的某些特征"(加西亚·乌斯塔,第135页)。

19 见加西亚·乌斯塔书中插图32上的1948年5月22日《环球报》"新段落",第一句是"No sé qué tiene el acordeón de comunicativo ..."(*Como aprendió a escribir García Márquez*, p. 144-c)。

20 雅克·吉拉德(Jacques Gilard)编, *Gabriel García Márquez: textos costeños: obra periodística*(Madrid,1981),vol. i,第59页、第63页、第72—73页。另见吉拉德,"Pistes temporelles de García Márquez", *Silex*, 11 (1979), pp. 37-44。

21 吉拉德编, *Textos costeños*, I,第77—78页。对发表在《环球报》上文章的评论,见Conrado Zuluaga Osorio, *Puerta abierta a Gabriel García Márquez: aproximación a la obra del Nobel colombiano* (Barcelona, 2001), pp. 31-35。

22 纪录片*Buscando a Gabo*中的采访;Señal Colombia / Universidad del

Magdalena,2009 年 3 月 6 日在卡塔赫纳播出。

23 雅克 · 吉拉德找到并且誊录了发表在《环球报》专栏"新段落"的 38 篇文章,古斯塔沃 · 阿朗戈(Gustavo Arango)最近又找到了五篇,见 *Un ramo de nomeolvides: García Márquez en El Universal* (Cartagena, 1995),第 138 页注释。这五篇文章分别是"Sobre el libro de Payan Archer",《环球报》(1948 年 12 月 8 日)第四版; "Viernes",《环球报》(1948 年 6 月 24 日)第四版(笔名 Septimus); "Contribución a los censos",《环球报》(1949 年 10 月 2 日); "La vorágine en el cine",《环球报》(1949 年 10 月 23 日)第四版; "Dos nuevos abogados",《环球报》(1949 年 11 月 9 日)第四版。这些文章可以参见阿朗戈书中第 156—158 页、第 161—162 页、第 158—159 页、第 159—160 页、第 137—138 页。阿朗戈未按照时间顺序排列这些文章,原因不详。

24 有关加西亚 · 马尔克斯在卡塔赫纳时与埃克托尔 · 罗哈斯 · 埃拉索等人的工作交往,见阿朗戈,*Un ramo de nomeolvides*。关于加西亚 · 马尔克斯的作品与他的新闻写作和电影的关系,见 Juan Cristóbal, *García Márquez y los medios de comunicación* (Lima, 1999)。

25 "Un infanticidio en el Barrio de La Esperanza";见阿朗戈,*Un ramo de nomeolvides*,第 251 页。

26 刊登在 1949 年 10 月 27 日《环球报》的一篇报道有可能是加西亚 · 马尔克斯写的,这是发生在卡塔赫纳的朝圣圣女法蒂玛的故事。他可能借助这个故事构思了《爱情和其他魔鬼》中的一些细节。(《环球报》新闻报道,1949 年 10 月 27 日第二版,见阿朗戈,*Un ramo de nomeolvides*,第 2 页)。Conrado Zuluaga 认为加西亚 · 马尔克斯当记者时所写的文章显示,他并不是一向都那么擅长写作;在 1948—1952 年期间,他经常过分使用"隐喻、提喻、转喻和夸张"等修辞手法;见 *García Márquez: el vicio incurable de contar* (Bogotá, 2006), p. 35。

27 萨尔迪瓦,《加西亚·马尔克斯传》,第 223 页;见插图 26。

28 “Yo no tengo ojo pamuerto”,西尔维亚·加尔维斯,《加西亚·马尔克斯家族》,第四版(Medellín,2007),第 141—170 页(第 157 页)。“长颈鹿”(*La Jirafa*)这个名字可能不仅仅是因为梅塞德斯的长脖子而起的,另一处灵感是西班牙诗人拉蒙·戈麦斯·德拉塞尔纳(Ramón Gómez de la Serna),他称长颈鹿为“被好奇心拉长了的马”(转引自加西亚·乌斯塔,*Como aprendió*,第 154 页),因为长颈鹿对人类行为和文化充满了好奇心。加西亚·乌斯塔特别强调,加西亚·马尔克斯早期新闻写作的风趣智睿,与戈麦斯·德拉塞尔纳幽默又带着些许诗意的生活哲理格言(greguerías),有相似之处。他给出的一个例子特别能说明问题,在加西亚·马尔克斯发表在 1950 年 3 月 9 日《环球报》的“棺材辩”里有这样一句话:“死亡也许仅仅是婚姻状况的改变。”(加西亚·乌斯塔,第 167 页)

29 对巴兰基亚文学团体的精彩评论,见萨尔迪瓦,《加西亚·马尔克斯传》,第 226—238 页。

30 鲁维埃拉·雷耶斯,接受笔者采访,阿拉卡塔卡,2009 年 2 月 26 日。

31 有论者强调巴兰基亚文学团体在加西亚·马尔克斯文学道路上的重要影响,对此豪尔赫·加西亚·乌斯塔持有异议,并且认为由于雅克·吉拉德对巴兰基亚的侧重,使卡塔赫纳的文学圈子没有得到足够重视;见豪尔赫·加西亚·乌斯塔,*García Márquez en Cartagena: sus inicios literarios*(Bogotá,2007),第 13—17 页。加西亚·乌斯塔的著作试图回归事情的原貌;他指出,加西亚·马尔克斯在卡塔赫纳工作的时候,已经在阅读,并且与报社里有文学爱好的同事谈论福克纳和弗吉尼亚·伍尔芙等作家(第 73—81 页),同时,他在卡塔赫纳深受戈麦斯·德拉塞尔纳的影响(第 125—149 页)。伊瓦拉·梅尔拉诺(Ibarra Merlano)记得,加西亚·马尔克斯 40 年代末就在阅读福克纳和弗吉尼亚·伍尔芙,分析他们的技巧,以便学习他们写作技艺的秘密:"他[加西亚·马尔克斯]那时已经知道福克纳和弗吉尼亚·伍尔芙,走到哪儿都带着他们的书,在上面又是画线又是加注,因为他在非常细致地拆解[*desmonte*]书中的内容。你会看见他仔细研究里面的叙述角度、独白以及所有小说特有的技巧,特别成功的和极其细微的,他都不放过。"(转引自加西亚·乌斯塔,第 217 页)。

32 乔恩·李·安德森,"El poder de Gabo", *Semana*, 909 (1999 年 10 月 4 日至 11 日), 46—66 (p. 52)。

33 登记在 2008—2009 年卡塔赫纳《黄页》上的地址是 San Diego Cra. 7, 38—205 Calle del Curato(第 213 页)。除了在卡塔赫纳的房子和在波哥大宽敞的复式公寓,加西亚·马尔克斯在墨西哥城有一处主要住所,在古巴的哈瓦那有一处"官方住宅"。

34 吉拉德,*Gabriel García Márquez: textos costeños*,第 140 页。

35 同上,第 156 页。

36 《活着为了讲述生活》原文版,第 145 页。

37 路易斯·恩里克,纪录片 *Buscando a Gabo* 中的采访,Señal Colombia, 2009 年 3 月 6 日在卡塔赫纳播出。

38 见马丁,《马尔克斯的一生》,第 150 页。

39 加西亚·乌斯塔,*Como aprendió*,第 59—60 页。

40 同上,第 60—61 页。

41 转引自加西亚·乌斯塔, *Como apendió a escribir García Márquez*, p. 208-a。

42 见 Osvaldo Rodríguez Jiménez,"Ortodoxia y heterodoxia en el campo literario nacional: el caso de García Márquez",卡塔赫纳大学硕士论文,1998 年,第 45 页,T. C863 R696(第 22 页)。加西亚·马尔克斯因此有一句名言:"哥伦比亚文学的乡土气息始于海拔 2500 米。"(吉拉德编,*Textos costeños*,第 293 页)

43 埃利西奥·加西亚·马尔克斯,*Tras las claves de Melquíades: historia de ' Cien años de soledad'* (Bogotá, 2001), pp. 234-235。

44 同上,第 256—258 页。

45 "Comerás papel";转引自加尔维斯,《马尔克斯家族》,第 45 页。

46 萨尔迪瓦,《加西亚·马尔克斯传》,第 286—287 页。

47 同上,第 287—288 页。

48 同上,第 288—289 页。

49 《双重人格》(*El doble*)(Madrid,1930),阿方索·纳达尔译。

50 如迈克尔·贝尔(Michael Bell)所说,"虽然'双重人格'是现代主义小说里有些陈旧的技巧,马尔克斯已经为其注入他特有的形而上的变体。"见《加夫列尔·加西亚·马尔克斯:孤独与团结》(*Gabriel García Márquez: Solitude and Solidarity*,London,1993),第 17 页。

51 《双重人格》,第 290—291 页。

52 更多评论见史蒂芬·哈特,《加西亚·马尔克斯的短篇小说》(García Márquez's Short Fiction),载《加夫列尔·加西亚·马尔克斯研究指南》(*A Companion to Gabriel García Márquez*,Cambridge,即将出版)。

53 《活着为了讲述生活》原文版,第 297 页。

54 加西亚·乌斯塔, *Cómo leer a Gabriel García Márquez* (Madrid, 1991), p. 14。

55 《第三次无可奈何》(*The Third Resignation*)全部引文出自《纯真的埃伦蒂拉与其他故事》英文版(*Innocent Eréndira and Other Stories*, London,1981),格利高里·拉巴萨(Gregory Rabassa)译,第 68—75 页。

56 《夏娃在猫中》(*Eva is Inside her Cat*)全部引文出自《纯真的埃伦蒂拉与其他故事》英文版,第 83—91 页。

57 有关卡夫卡对加西亚·马尔克斯小说创作的影响,见 Hannelore Hahn,《加西亚·马尔克斯三部小说中弗兰茨·卡夫卡的影响》(New

York,1993)。

58 《观察家报》,Año 60,No. 11,895,第5页。

59 当时格洛已经是有成就的画家,在此前的1946年,曾在波哥大国家图书馆举办了他的第一次作品展。1954—1955年间,格洛赴意大利学习。他与加西亚·马尔克斯见面是在1955年12月,当时加西亚·马尔克斯作为《观察家报》的海外记者刚刚抵达意大利的西爱那;见恩里克·格洛,*El pequeño viaje del Baron Von Humboldt* (Bogotá, 1984), p. 111。

60 马里奥·巴尔加斯·略萨(Mario Vargas Llosa),《病态的史前(早期短篇小说)》("A Morbid Prehistory [The Early Stories]"),载《海外书籍》(*Books Abroad*),xlvii/3 (1973),第451—460页(第454页)。同样,雷蒙·莱斯利·威廉斯(Raymond Leslie Williams)也认为,这篇短篇小说"实际上没有给出任何清楚的结局";《加夫列尔·加西亚·马尔克斯研究指南》(*A Companion to Gabriel García Márquez*)(Woodbridge,2010),第3页。

61 《图巴尔-卡因造星记》第5页;笔者译。

62 1948年这篇作品写成的时候,加西亚·马尔克斯的父亲还活着,因此小说中的父亲有可能是外祖父的投影;在阿拉卡塔卡外公家生活的时候,尼古拉斯·马尔克斯对加博来说就是父亲的角色。

63 《死亡的另一根肋骨》,见《加夫列尔·加西亚·马尔克斯:故事1947—1992》(*Gabriel García Márquez: Cuentos* 1947-1992)(Bogotá, 1999),第23—32页(第24页);笔者译。

64 巴尔加斯·略萨形容这篇小说是"融合痛苦与黑色幽默的、超现实的梦";巴尔加斯·略萨,《病态的史前》,第455页。

65 《死亡的另一面》(*The Other Side of Death*)全部引文出自《纯真的埃伦蒂拉与其他故事》英文版,第76—82页。

66 《镜子对话》(*Dialogue with the Mirror*)全部引文出自《纯真的埃伦蒂拉与其他故事》英文版,第92—97页。

67 《一只青灰色狗的眼睛》(*Eyes of a Blue Dog*)全部引文出自《纯真的埃伦蒂拉与其他故事》,第102—107页。

68 《六点钟到的女人》(*The Woman Who Came at Six o' clock*)全部引文出自《纯真的埃伦蒂拉与其他故事》英文版,第108—117页。

69 《有人在弄乱玫瑰花》(*Someone Has Been Disarranging These Roses*)全部引文出自《纯真的埃伦蒂拉与其他故事》英文版,第118—121页。

第三章 "没什么区别"

1 "没什么区别"——短篇小说《某日》结尾处,镇长所说的话。

2 玛莎·康菲尔德(Martha Canfield),《加夫列尔·加西亚·马尔克斯》,载 *Colecciones Clásicos Colombianos* (Bogotá, 1991), p. 1。

3 加西亚·马尔克斯加入了一个非常棒的团队。1954—1955年,《日复一日》专栏("Día a día")由希列尔莫·卡诺、贡萨洛·冈萨雷斯(GOG)和爱德华多·萨拉梅亚·博尔达("乌利塞斯")主笔。见雅克·吉拉德,"Prólogo", in *Gabriel García Márquez: Obra periodística* Ⅲ: *Entre cachacos* (Bogotá, 1983), p. 6。

4 吉拉德,《加夫列尔·加西亚·马尔克斯》,第5—72页(第5页)。

5 达素·萨尔迪瓦,《加西亚·马尔克斯传:回归本源》(Madrid,1997),第218页。

6 吉拉德,《加夫列尔·加西亚·马尔克斯》,第8页及后续页码。

7 萨尔迪瓦,《加西亚·马尔克斯传》,第307—308页。

8 吉拉德,《加夫列尔·加西亚·马尔克斯》,第37页。

9 同上,第27—31页。

10 吉拉德,“Milagro en Milan”,《加夫列尔·加西亚·马尔克斯》,第142—144 页(第 214 页)。

11 吉拉德,《加夫列尔·加西亚·马尔克斯》,第 21—22 页。

12 《拉斯尔帕的伯爵夫人》(“La Marquesita de la Sierpe”),《纪事与报道》(*Crónicas y reportajes*)(Bogotá,1976),第 11—18 页(第 11—12 页)。

13 “El muerto alegre”,《纪事与报道》,第 43—50 页。

14 吉拉德,《加夫列尔·加西亚·马尔克斯》,第 53 页。

15 Juan Cruz,‘Tomás Eloy Martínez: El anonimato digital potencia el periodismo amarillo’, *El País*, no. 11560 (2009 年 2 月 8 日), pp. 8-9 (p. 9)。

16 加夫列尔·加西亚·马尔克斯,《活着为了讲述生活》英文版(London,2003),伊迪丝·格罗斯曼译,第 472 页。

17 同上,第 473 页。所发表的文章如下:“La verdad sobre mi aventura I”,《观察家报》,67,no. 14261 (1955 年 4 月 5 日),第 1 版、第 3 版;“La verdad... II”,《观察家报》,67,no. 14262 (1955 年 4 月 6 日),第 1 版、第 16 版;“La verdad... III”,《观察家报》,67,no. 14265 (1955 年 4 月 9 日),第 1 版、第 10 版;“La verdad... IV”,《观察家报》,67,no. 14267 (1955 年 4 月 11 日),第 1 版、第 13 版;“La verdad... V”,《观察家报》,67,no. 14256 (error in sequence but *sic*) (1955 年 4 月 12 日),第 1 版、第 13 版;“La verdad... VI”,《观察家报》,67,no. 14266 (1955 年 4 月 13 日),第 1 版、第 17 版;“La verdad... VII”,《观察家报》,67,no. 14267 (1955 年 4 月 14 日),第 1 版、第 9 版;“La verdad... VIII”,《观察家报》,67,no. 14268 (1955 年 4 月 15 日),第 1 版、第 16 版;“La verdad... IX”,《观察家报》,67,no. 14269 (1955 年 4 月 16 日),第 1 版、第 14 版;“La verdad... X”,《观察家报》,67,no. 14271

(1955年4月18日),第1版、第17版;“La verdad... XI”,《观察家报》,67, no. 14272(1955年4月19日),第1版、第11版;“La verdad... XII”,《观察家报》,67, no. 14273(1955年4月20日),第1版、第15版;“La verdad... XIII”,《观察家报》,67, 191 no. 14274(1955年4月21日),第1版、第17版;“La verdad... XIV”,《观察家报》,67, no. 14275(1955年4月22日),第1版、第17版。读者对这个故事的需求量如此之大,《观察家报》1955年4月23日第1版(67, no. 14276)刊登预告,宣布将在1955年4月28日刊登完整版。

18 《活着为了讲述生活》,第475页。

19 加西亚·马尔克斯,“La historia de esta historia”, in *Relato de un náufrago que estuvo diez días a la deriva en una balsa sin comer ni beber, que fue proclamado héroe de la patria, besado por las reinas de la belleza y hecho rico por la publicidad, y luego aborrecido por el gobierno y olvidado para siempre* (Barcelona, 1970), 3rd edn, pp. 7-10 (p. 9)。

20 《遇难者的故事》(*Relato de un náufrago*)(Barcelona, 1970),第38—39页;笔者译。在该书1970年版前言里,加西亚·马尔克斯称,他希望版税能够给贝拉斯科(第10页),此后十四年里,版税一直付给贝拉斯科,直到在某些提供法律建议的人怂恿下,贝拉斯科决定将加西亚·马尔克斯告上法庭。法庭作出对加西亚·马尔克斯有利的判决。其后,加西亚·马尔克斯决定将版税捐给一个教育基金(《活着为了讲述生活》,第478—479页)。

21 杰拉德·马丁,《马尔克斯的一生》(London, 2008),第183—184页。

22 萨尔迪瓦,《加西亚·马尔克斯传》,第335页。

23 同上,第337页。

24 雷蒙·威廉斯(Raymond Williams), *Novela y poder en Colombia*, 1844-1987(Bogotá, 1991), Alvaro Pineda Botero 译, p. 143。

25 更多评论见 Pedro Lastra, "La tragedia como fundamento estructural de *La hojarasca*", in *Gabriel García Márquez*(Madrid, 1981), Peter G. Earle 编, pp. 40-49。

26 马丁,《马尔克斯的一生》,第 145 页。

27 这个人物原型无疑是阿拉卡塔卡外公家一个女佣人,名字也叫梅梅:"我不认识梅梅,她是家里从巴兰卡斯带过来的瓜希罗女奴,在一个风雨交加的夜晚,她和还是个少年的弟弟阿利里奥跑掉了。我常听家里人说,他们俩老是说自己的方言,弄得家里的语言都不纯正了。"(《活着为了讲述生活》,第 77 页)。梅梅住在下人住的房子,这是阿拉卡塔卡原来那所大宅子里,唯一能保存到现在的建筑。

28 《枯枝败叶》英文版(*Leaf Storm*, London, 1979),格利高里·拉瓦沙(Gregory Rabass)译,第 24 页。

29 安赫尔·拉马(Ángel Rama),*García Márquez, edificación de un arte nacional y popular* (Montevideo, 1987), p. 35。在他早期做的重要研究中,拉马还注意到《枯枝败叶》中三段独白相互对应的关系(第 36—42 页)、腐烂的主题(第 45—46 页)、新闻写作和电影对加博作品的重要影响(第 47—55 页)、哥伦比亚暴力冲突小说(*Novela de la Violencia*)的传统(第 56—59 页),以及加西亚·马尔克斯如何对这类题材的小说加以改写,将焦点放在暴力爆发前后的和平时期(第 60 页);最后,拉马对《百年孤独》的时间与结构进行了分析(第 68—105 页)。

30 J. G. 科博·博尔达,"Vueltas en redondo en torno a Gabriel García Márquez", *Para llegar a García Márquez* (Bogotá, 1997), p. 85。

31 加西亚·马尔克斯曾经说过,他非常敬佩海明威在文学方面有关冰山的理论。冰山有八分之一看得见,其余八分之七都藏在海面下面:"于是,我意识到,每句话、每个片段、写作时每个风险,底下都有八分之七在支撑着。我首先要做的是,写出看得见那部分,然后,研究一下底下那八分之七,以免有什么矛盾的地方。"(埃利西奥·加西亚·马尔克斯,*Tras las claves de Melquíades: historia de "Cien años de soledad"* [Bogotá, 2001], p. 466)

32 关于从《枯枝败叶》到《百年孤独》的历程,见罗伯特·路易斯·西姆斯(Robert Louis Sims),《加西亚·马尔克斯神话的演变:从〈枯枝败叶〉到〈百年孤独〉》(*The Evolution of Myth in García Márquez: From "La hojarasca" to "Cien años de soledad"*)(Miami,1981)。

33 马丁,《马尔克斯的一生》,第195页。

34 普利尼奥·阿普莱约2008年12月8日在伦敦城市大学做讲座时,提到这一点。

35 萨尔迪瓦,《加西亚·马尔克斯传》,第349—350页。

36 马丁,《马尔克斯的一生》,第199页。他们婚后在卡拉卡斯住下之后,加西亚·马尔克斯要求梅塞德斯把这650页信件毁掉;她同意了,拿了象征性的100玻利瓦,把信件烧掉了(第243页)。

37 《世界上最著名的一年》("El año más famoso del mundo"),《当我幸福而尚未成名时》(*Cuando era feliz e indocumentado*)(Caracas, 1973),第11—28页(第11页)。

38 "Condenados a 20 años, pero son inocentes",《当我幸福而尚未成名时》,第119—131页(第121页)。

39 萨尔迪瓦,《加西亚·马尔克斯传》,第353页。

40 加西亚·马尔克斯,*De viaje por los países socialistas*(Bogotá,1978),第136页。

41 2008年12月8日伦敦城市大学讲座;另见依兰·斯塔文斯(Ilan Stavans),《加夫列尔·加西亚·马尔克斯的早年》(New York,2010),第9页。

42 萨尔迪瓦,《加西亚·马尔克斯传》,第362页。

43 萨尔迪瓦,《加西亚·马尔克斯传》,第 362 页。

44 同上,第 367—368 页。

45 同上,第 375—376 页。

46 马丁,《马尔克斯的一生》,第 236 页。

47 同上,第 239 页。

48 转引自同上,第 239 页。

49 萨尔迪瓦,《加西亚·马尔克斯传》,第 372—373 页。

50 "El poder de Gabo", *Semana*, no. 909, 1999 年 10 月 4 日至 11 日, pp. 46—66 (p. 48)。

51 Angel Esteban and Stephanie Panichelli, *Gabo y Fidel*: *el paisaje de una amistad* (Bogotá, 2004), p. 38.

52 转引自敏塔(Minta),《加夫列尔·加西亚·马尔克斯:哥伦比亚的作家》(*Gabriel García Márquez*: *Writer of Colombia*) (London, 1987),第 59—60页。

53 史蒂芬·敏塔认为:"加西亚·马尔克斯对古巴革命,至今热情不减当年。如果他对革命后来发展的方向私下有所保留的话,他从来没有怀疑过,革命所取得的成就,比其局限要有意义得多"(第 59 页)。多年来,加西亚·马尔克斯能够利用个人对卡斯特罗的影响,为一些古巴作家和不受欢迎人士争取到政治避难,如阿曼多·巴利亚达雷斯、塞维罗·萨尔杜伊的父母、埃莱西奥·迭戈的儿子埃莱西奥·阿尔维托,还有诺伯托·富恩特斯。

54 马丁,《马尔克斯的一生》,第 264 页。

55 埃利西奥·加西亚·马尔克斯, *Tras las claves de Melquíades*, 第 437 页。

56 同上。

57 同上,第 438 页。

58　埃利西奥·加西亚·马尔克斯,*Tras las claves de Melquíades*,第438页。

59　马丁,《马尔克斯的一生》,第271页。

60　同上,第278—289页。

61　有关《恶时辰》与《没有人给他写信的上校》交相重叠的讨论,见乔治·R. 麦穆雷(George R. McMurray),《加夫列尔·加西亚·马尔克斯》(New York,1977),第21—46页。

62　《恶时辰》(Barcelona,1974),第21页。

63　所有引言出自《没有人给他写信的上校》原文版(Barcelona,1979);笔者译。

64　鲁文·佩拉约(Rubén Pelayo),《加夫列尔·加西亚·马尔克斯:文学批评指南》(*Gabriel García Márquez: A Critical Companion*) Westport,CT,2001),第54页。

65　马丁,《马尔克斯的一生》,第206—207页。

66　见艾略特《荒原》第一行;《T. S. 艾略特:诗歌选集》(*T. S. Eliot: Selected Poems*)(London,1975),第51页。

67　见普利尼奥·阿普莱约·门多萨,《番石榴飘香》(London,1983),第26页。另见 Ben Box, *García Márquez*: '*El coronel no tiene quien le escriba*' (London, 2000),第3版, p.9。有关意大利新现实主义电影技巧如何体现在《没有人给他写信的上校》的详细研究,见 Elmer Morillo Valdelamar 的硕士论文,"García Márquez y el lenguaje fílmico: visión y escritura cinematográfica en *El coronel no tiene quien le escriba*",卡塔赫纳大学,2000年,T. C863 M857,57。这项研究所提到的技巧包括以战争为背景(第26—27页);对物体的描写(第28页);不用姓名(如同德·西卡的《翁贝托·D.》)(第29页);道德至上(第30—33页);场景突变(第34—35页);信息逐渐渗透("dosficacion de la información")(第 35—38 页);对话简洁(第 38—41 页);频繁的视觉参考,比如对每周五邮船靠岸的描写(第 42—47 页);电影视觉和听觉效果的运用,即在某些地方引导读者"见到"一连串动作,或者"听到"某种声音(比如宵禁的钟声)(第 47—51 页)。

68 马丁,《马尔克斯的一生》,第 211 页。

69 同上,第 213 页。

70 "Un novelista de la violencia americana", in 9 *asedios a García Márquez* (Santiago de Chile, 1969), pp. 106-125 (p. 113).

71 萨尔迪瓦,《加西亚·马尔克斯传》,第 356 页。

72 《大妈妈的葬礼》(短篇小说),短篇小说集《大妈妈的葬礼》原文版(Buenos Aires, 1977),第 137 页;笔者译。

73 菲利普·斯万森(Philip Swanson)认为,《大妈妈的葬礼》是对"拉丁美洲寡头政治统治影响"("la influencia de las oligarquías rurales en América Latina")的讽刺;*Cómo leer a Gabriel García Márquez* (Madrid, 1991), p. 26。

74 见 Edgar Paiewonsky-Conde, 'La escritura como acto revolucionario: *Los funerales de la Mamá Grande*', in *En el punto de mira: Gabriel García Márquez*, ed. Ana María Hernández de López (Madrid, 1985), pp. 33-53。

75 转引自菲利普·斯万森,*Cómo leer a Gabriel García Márquez*,第 22 页。

76 罗宾·菲迪恩(Robin Fiddian),*Cine-Lit v*, 1 (2004), 7-13 (p. 9)。Special number, *Essays on Hispanic Film and Fiction*, eds George Cabello-Castellet, Jaume Martí-Olivella and Guy H. Wood (Corvallis, or, 2004)。

77 《礼拜二午睡时刻》,《故事:1947—1992》(*Cuentos* 1947-1992),第 113—120 页(第 118 页)。

78 在这个事件此前版本里，小偷的名字是卡洛斯·森特诺；见《礼拜二午睡时刻》，《故事》，第118页。

79 罗宾·菲迪恩，*García Márquez: Los funerales de la Mamá Grande* (London, 2006), Critical Guides to Spanish Texts, no. 70, p. 51。

80 "A propósito de *La mala hora*", in 9 *asedios a García Márquez* (Santiago de Chile, 1969), pp. 164–173 (p. 168)；笔者译。

81 《某日》("Un día de éstos") (Buenos Aires, 1977)，《大妈妈的葬礼》，第21—26页(第25页)。

第四章 "连我都无法忍受自己"

1 "Borges y yo", in *Jorge Luis Borges: obras completas* 1923–1972 (Buenos Aires, 1974), p. 808；笔者译。

2 同上，第808页。

3 有关博尔赫斯对加西亚·马尔克斯的影响，参见埃米尔·罗德里格斯·莫内加尔(Emir Rodríguez Monegal)，《〈百年孤独〉：最后三页》，("*A Hundred Years of Solitude*: The Last Three Pages")，载《海外书籍》xlvii/3 (1973)，第485—89页；Juan-Manuel García Ramos, *Cien años de soledad* (Madrid, 1989), pp. 17–18。

4 杰拉德·马丁，《马尔克斯的一生》(London, 2008)，第289页。

5 同上，第290—291页。

6 加西亚·马尔克斯始终与电影缘分不断，虽然有时关系有些含糊。对电影能否为作家提供有用的技巧这个问题，他的回答是："嗯，我还真不知道。对我个人来说，电影既有帮助，也有妨碍。能帮我的，是让我知道怎么从形象入手去思考，但是，现在看《百年孤独》之前的作品，全部都过分热衷于人物和场景的视觉效果，甚至有对镜头角度和取景框架的执着追求。”(阿普莱约·门多萨,《番石榴飘香》[London,1983],第33页)他曾经对多洛雷斯·卡尔维诺说过,多年来,对他的小说和短篇小说改编的影片,他一直很失望。

7 转引自埃利西奥·加西亚·马尔克斯,*Tras las claves de Melquíades: historia de "Cien años de soledad"* (Bogotá, 2001), p. 578。

8 Miguel Fernández-Braso, *Gabriel García Márquez: una conversación infinita* (Madrid, 1969), pp. 36—37;笔者译。

9 《带音乐席位的序》("Prologue, with Musical Chairs"),《进入主流:与拉丁美洲作家对话》(*Into the Mainstream: Conversations with Latin American Writers*)(New York, 1967),第1—36页(第35页)。

10 路易斯·哈斯(Luis Harss),《加夫列尔·加西亚·马尔克斯,或失音的和弦》("Gabriel García Márquez, or the Lost Chord"),《进入主流:与拉丁美洲作家对话》,第310—341页(第317页)。

11 见《白石头上的黑石》("Black Stone on a White Stone"),与《简言之,我只能用死亡表达我的生命……》("In short, I have only my death to express my life..."),载《塞萨尔·巴列霍:晚期诗歌1923—1938》(*César Vallejo: Complete Late Poems 1923—1938*),瓦伦蒂诺·吉安努兹(Valentino Gianuzzi)、迈克尔·史密斯(Michael Smith)编辑与翻译,(Exeter, 2005),第104页、第265页。

12 阿普莱约·门多萨,《番石榴飘香》,第73页。

13 同上,第74页。

14 同上。

15 马丁,《马尔克斯的一生》,第296页。

16 埃利西奥·加西亚·马尔克斯,*Tras las claves de Melquíades*, p. 617。

17 阿普莱约·门多萨,《番石榴飘香》,第33—34页。

18 马丁,《马尔克斯的一生》,第313页。

19 Fausto Avendano, "El factor del best-seller en *Cien años de soledad*", in *Explicación de "Cien años de soledad"*, ed. Francisco E. Porrata (San José, 1976), pp. 65-77.

20 T. C. 博伊尔(T. C. Boyle),《一书定终生:〈百年孤独〉》("Book of a Lifetime: *One Hundred Years of Solitude*"),《独立报》(2009 年 3 月 20 日),第 33 版。

21 地名"马孔多"取自联合果品公司最大的农场之一,占地 336 公顷,坐落在塞维利亚河边(达索・萨尔迪瓦,《加西亚・马尔克斯传》[Madrid, 1997],第 115 页)。虽然在现实中有马孔多的来源,但是这个地名不是简单的借用。加西亚・马尔克斯曾经说过:"马孔多不是一个地方,而是一种精神状态,让你能看见心中所想的,而且愿意怎么看,怎么看。"(鲁维埃拉・雷耶斯,接受笔者采访,哥伦比亚,阿拉卡塔卡,2009 年 2 月 26 日)有关《百年孤独》地名、人名和人物的百科辞典,参见 Cristóbal Acosta Torres, *Macondo al desnudo: intimidades reales y ficticias en "Cien años de soledad"* (Bucamaranga, 2005)。

22 《百年孤独》英文版(London, 1978),格利高里・拉巴萨译,第 113—114页。

23 有关小说中对科学思维的描写,参见罗伯托・冈萨雷斯・埃切瓦利亚(Roberto González Echevarría),《〈百年孤独〉:小说作为神话与档案》,("*Cien años de soledad*: The Novel as Myth and Archive"),载《加夫列尔・加西亚・马尔克斯的〈百年孤独〉》(*Gabriel García Márquez's One Hundred Years of Solitude*)(Philadelphia, 2003),哈罗德・布鲁姆(Harold Bloom)编,第 15—36 页。

24 有关小说中科学与炼金术的关系,参见彻斯特・S. 哈尔卡(Chester S. Halka),《梅尔加德斯、炼金术与叙述理论:〈百年孤独〉中的寻金》(*Melquíades, Alchemy and Narrative Theory: The Quest for Gold in "Cien*

años de soledad”)(Lathrup Village, MI, 1981)。

25 相关论述,参见史蒂芬·哈特,《加夫列尔·加西亚·马尔克斯〈百年孤独〉的魔幻现实主义》(Magical Realism in Gabriel García Márquez's *Cien años de soledad*), *Inti*, 16-17(1982-3), 37-52。

26 *Historia de los acontecimientos que se desarrollaron en la zona bananera del Departamento del Magdalena* - 13 *de noviembre de* 1928 *al* 15 *de marzo de* 1929(Bogotá, 1929), 175pp. 在路易斯·安赫尔·阿朗戈图书馆,该书有一册的扉页上有将军亲笔签名的题词(331.892986C67s)。

27 参见马塞罗·布切利(Marcelo Bucheli),《联合果品公司在哥伦比亚:劳工、当地精英与多国企业,1900—1970》(“The United Fruit Company in Colombia: Labour, Local Elite, and Multinational Enterprise, 1900-1970”)斯坦福大学博士论文,2002 年。代表西安纳加香蕉种植园工人的马格达莱纳联合工会提出了九项要求——包括集体保险、因公事故赔偿、符合卫生条件的住房、为低收入工人加薪 50%、关闭公司的供销商店(*comisariatos*)、用现金取代公司发的购物券、变双周付酬为单周付酬、取缔承包商和设立医院——但是联合果品公司经理汤玛斯·布拉德肖拒绝与工会谈判(第 105 页),工会于 1928 年 11 月 11 日号召工人罢工(第 110 页)。罢工造成的僵持局面使联合果品公司在此期间无法从哥伦比亚出口水果,最后导致 1928 年 12 月 6 日在西安纳加中心广场的冲突。

28 加夫列尔·加西亚·马尔克斯,《活着为了讲述生活》英文版(London, 2003),伊迪丝·格罗斯曼译,第 63 页。

29 西尔维亚·加尔维斯,《加西亚·马尔克斯家族》(Medellín, 2007),第四版,第 38 页。

30 卡洛斯·科尔特斯·巴尔加斯,*Los sucesos de las bananeras*(*Historia de los acontecimientos que se desarrollaron en la zona bananera de Departa-*

mento del Magdalena – 13 *de noviembre de* 1928 *al* 15 *de marzo de* 1929) (Bogotá, 1929), p. 65。

31 同上,第 56—56 页。

32 科尔特斯·巴尔加斯承认杀害了十三个工人,他在报告中称,八人死在广场上,另有五人在广场附近被发现,总数十三人。然而,历史学家的估算有所不同,“从 60 至 100、400、800、1000、1500、2000 不等”(布切利,《联合果品公司在哥伦比亚》,第 113—114 页)。2000 人这个数字出自 Judith White, *La United Fruit en Colombia: historia de una ignomina* (Bogotá, 1978), p. 100。罗伯托·埃雷拉·索托(Roberto Herrera Soto)与拉斐尔·罗梅罗·卡斯塔涅达(Rafael Romero Castañeda),在《马格达莱纳香蕉产区:历史与词汇》(*La zona bananera del Magdalena: historia y léxico*) (Bogotá, 1979) 一书中确认,在香蕉产区,冲突所造成的死亡人数从科尔特斯·巴尔加斯所说的总共 47 人(不仅仅是西安纳加,而是整个地区的人数),到马科·科尔多瓦(Marco Córdoba)所说的超过 2000 人不等。在 *Elementos de sindicalismo* (第三版, Bogotá, 1977) 一书中,马科·科尔多瓦说,“1928 年 12 月 6 日,政府军的子弹杀死了 2000 多工人”(第 18 页),然而作者没有列举证据支撑这个说法,这很可能是作者受加西亚·马尔克斯文本的影响,而不是依据通过独立研究得出的数据。埃雷拉·索托与卡斯塔涅达则认为是 60 人至 75 人(第 79 页)。

33 1928 年 12 月 9 日,《时代报》刊登了一篇题为《卡洛斯·科尔特斯·巴尔加斯将军慎重的报告》(“A Prudent Report by General Carlos Cortés Vargas”)的报道,报道如是说:“带着部队回到那里(西安纳加)的时候,一大群人,男男女女大概有 3000 人,包围了火车,他们喊着‘军队万岁!’和‘我们只想加工资!’。人们以平和而坚定的态度,阻挡火车继续往前开。”(第 4 页)加西亚·马尔克斯构思西安纳加事件的小说版本时，很可能对这一类公开发表的报道，或者对卷入事件人数得出相同结论的口头报道，有所了解。

34 《时代报》，xvii/6181（1928 年 12 月 9 日）第 4 版。

35 有关小说人物的研究，参见佚名，"*Cien años de soledad*"：*análisis y estudio sobre la obra*，*el autor y su épica*（Madrid，2003）。

36 见科尔特斯·巴尔加斯，*Los sucesos de las bananeras*，pp. 140–42。

37 西尔维亚·加尔维斯，《加西亚·马尔克斯家族》，第 60 页。

38 《时代报》，xvii/6186（1928 年 12 月 14 日）第 1 版。

39 "Ni reacción ni impunidad"，《时代报》（1928 年 12 月 14 日）第 3 版。

40 "Los partes de guerra"，xvii/6180，《时代报》（1928 年 12 月 8 日）第 3 版。

41 《时代报》，xvii/6183（1928 年 12 月 11 日）第 2 版。

42 Carmen Arnau，*El mundo mítico de Gabriel García Márquez*（Barcelona，1971），pp. 75–78.

43 2009 年 3 月份，我到西安纳加，走访了河边已经废弃的旧港口，在香蕉业蒸蒸日上的时候，货物都在这里装卸。我在那里遇到一位五十岁的西安纳加居民，听到我说根据官方报告，1928 年 12 月 6 日在西安纳加中心广场被杀害的是九个人，他笑起来。他说肯定是三千多人；他祖父是事件的目击者，曾经告诉他，屠杀过后，广场上的血有一脚深。这人不让我记下他的姓名，也不接受录音采访。我还去看了竖立有烈士雕像的西安纳加中心广场。当年西安纳加火车站后面紧挨着中心广场，现在旧火车站只剩下外部建筑，里面是五金商店，中心广场靠旧火车站那面已经变成一条路，两边挤满了市场小摊。五金店店员把用来加固屋顶用的铁轨指给我看；我想拍摄商店的屋顶，请求经理的许可，却被拒绝了。屠杀事件之后不久，西安纳加连接外部世界的铁轨就被挖起来了。我接触到的人都不太愿意谈论屠杀事件，说明 80 年过后,这依然是个敏感的话题。

44 西班牙语原文是“para convencerse de que estaba vivo”,《百年孤独》原文版(Barcelona, 1980),第 247 页。英文版这句话翻译有误,被译成“为了说服她”(《百年孤独》英文版,第 250 页)。

45 相关论述,参见史蒂芬·哈特,《美洲魔幻现实主义:〈百年孤独〉〈幽灵之家〉〈宠儿〉中的政治化幽灵》(“Magical Realism in the Americas: Politicised Ghosts in *One Hundred Years of Solitude*, *The House of the Spirits*, and *Beloved*”), *Journal of Iberian and Latin American Studies*, ix/2 (2003), 115–123。

46 埃雷拉·索托,卡斯塔涅达,《马格达莱纳香蕉产区》,第 74 页;笔者译。

47 有关小说中口头与书面体裁冲突的精辟论述,参见詹姆斯·希金斯(James Higgins),《百年孤独》(“*Cien años de soledad*”),载《加夫列尔·加西亚·马尔克斯的〈百年孤独〉:评论汇编》(*Gabriel García Márquez's "One Hundred Years of Solitude": A Casebook*),赫内·H. 贝尔—比拉达编(Oxford, 2002),第 33—51 页。

48 卡门萨·克莱恩(Carmenza Kline)在其分析中,强调这个目击整个事件的孩子是十分重要的;见《加夫列尔·加西亚·马尔克斯作品中的虚构与现实》(*Fiction and Reality in the Works of Gabriel García Márquez*, Salamanca, 2002),丹尼尔·林德(Daniel Linder)译,第104—106页。

49 见 Judith White, *La United Fruit en Colombia*, pp. 106–108。

50 豪尔赫·埃列塞尔·盖坦, *La Masacre en las bananeras: documentos testimonios* (Bogotá, n.d.), pp. 117–118。

51 数字由海梅·加西亚·马尔克斯提供;见第一章,注释 18。

52 马丁还有如下说法:“尼古拉斯·马尔克斯的私生子女都没有继承他的姓氏:他们都随母亲姓”(《马尔克斯的一生》注释 5,第 576 页)。然而，这个说法与该书第573页上的家谱相互矛盾，家谱上最小的孩子名字是，佩特罗尼拉·阿里亚斯·马尔克斯。于是有这样的可能性，随母姓是很普遍的，尤其是大一点的孩子，但是用父姓也是有的，尽管不那么常见。

53 这个不为人知的马尔克斯，很可能是1900至1910年之间出生的，也许就在谋杀发生地西安纳加；不管怎么说，我们知道尼古拉斯上校跟一位生活在那个城市的女人，伊莎贝尔·鲁伊斯生过私生子女（马丁，《马尔克斯的一生》，第19页）。

54 马丁，《马尔克斯的一生》，第5页。

55 有关小说中重复与镜子主题的进一步讨论，参见 María Eulalia Montaner, *Guía para la lectura de "Cien años de soledad"* (Madrid, 1981), pp. 199–211。

56 卡洛斯·富恩特斯，《加夫列尔·加西亚·马尔克斯与美洲的虚构》(*Gabriel García Márquez and the Invention of America*) (Liverpool, 1987)，第9页。

57 有关俄狄浦斯神话的作用，参见 Josefina Ludmer, "*Cien años de soledad*": *una interpretación* (Buenos Aires, 1972), pp. 22–30。对梅尔加德斯象形文字所作的弗洛伊德心理分析，参见 Emerita Fuenmayor, "Histoire d" un paradoxe", *Silex*, 11 (1979), 94–99。

第五章 "他领诺贝尔奖为什么要穿得像个厨子？"

1 "他领诺贝尔奖为什么要穿得像个厨子？"——这是阿普莱约·门多萨一位朋友对加西亚·马尔克斯的评论；出自阿普莱约·门多萨，2008年12月8日伦敦城市大学讲座。

2 Michael Palencia-Roth, *Gabriel García Márquez: la línea, el círculo y las*

metamorfosis del mito (Madrid, 1983), p. 137.

3 丽贾娜·詹姆斯(Regina James),《加夫列尔·加西亚·马尔克斯:仙境里的革命》(*Gabriel García Márquez: Revolution in Wonderland*)(Columbia, SC, 1981),第 78 页。

4 Jacques Joset, *Gabriel García Márquez: coétano de la eternidad* (Amsterdam, 1984), pp. 25–29.

5 根据 2008 年 1 月 15 日统计。

6 早期发表的魔幻现实主义学术论著有:Emir Rodríguez Monegal, "Realismo mágico versus literatura fantástica: un diálogo de sordos", in *Otros mundos, otros fuegos: fantasía y realismo mágico en Iberoamérica: memoria del* xvi *Congreso Internacional de Literatura Iberoamericana* (East Lansing, MI, 1975), Donald A. Yates 编, pp. 25–37; Juan Barroso, "*Realismo mágico*" *y* "*lo real maravilloso*" *en* El reino de este mundo *y* El siglo de las luces (Miami, 1977); Irlemar Chiampi, *El realismo maravilloso: forma e ideología en la novela hispanoamericana* (Caracas, 1983)。相关资料参见史蒂芬·M.哈特(Stephen M. Hart),肯尼斯·里兹(Kenneth Reeds),《阅读指南》("Guide to Further Reading"),载史蒂芬·M.哈特,欧阳文琴(音译)(Wen-chin Ouyang)编《魔幻现实主义研究指南》(*A Companion to Magical Realism*)(London, 2005),第281—284页。

7 马里奥·巴尔加斯·略萨,《加西亚·马尔克斯:弑神者的故事》(Barcelona, 1971),第 81 页。巴尔加斯·略萨发表《弑神者的故事》之后,与安赫尔·拉马进行了精彩对话,出版了两人共同署名的 *García Márquez y la problemática de la novela* (Buenos Aires, 1973)。拉马批判了巴尔加斯·略萨过时的浪漫主义美学思想(第 8 页),巴尔加斯·略萨的回应是批判对方不合时宜的"新卢卡斯主义信条"(第 22 页)。

对此,拉马第一个回应是,批判巴尔加斯·略萨的立场,认为那是建立在个人主义基础之上的,进而提出作家应该是社会群体一部分的观点(第 28—29 页);巴尔加斯·略萨反唇相讥:一位作家可以成为社会的一分子,也可以同时是那个社会里的个人主义者和持不同政见者(第 50—52 页)。拉马第二个也是最后一个回应,强调了他所认为的对文学社会功能的经典理解(第 60 页)。

8 Angel Esteban and Stephanie Panichelli, *Gabo y Fidel: el paisaje de una amistad* (Bogotá, 2004), pp. 48-55.

9 巴尔加斯·略萨这时开始称加西亚·马尔克斯为"卡斯特罗的婊子"(*el cortesano de Castro*),见 Esteban and Panichelli, *Gabo y Fidel*, p. 66。

10 然而,巴尔加斯·略萨最后还是回心转意了,2007 年西班牙皇家语言学院出版《百年孤独》纪念版时,他同意在其中重印专著的节选。

11 托马斯·卡坦(Thomas Catán),《两个文学巨人背后的真相,一个青眼圈和 30 年的沉默》("The truth behind two giants of literature, one black eye and 30 years of silence"),《泰晤士报》2007 年 3 月 13 日,第 33 版。参见罗德里戈·莫亚(Rodrigo Moya), "La terrífica historia de un ojo morado", *La Jornada* (2007 年 3 月 6 日)。文章配有加西亚·马尔克斯眼圈青黑的照片,这是加西亚·马尔克斯和梅塞德斯找罗德里戈·莫亚拍下来做证据的。梅塞德斯对此事怒不可遏,拍照过程中不停地说,巴尔加斯·略萨是个"嫉妒的蠢货"(*un celoso estúpido*)。

12 杰拉德·马丁,《马尔克斯的一生》(London, 2008), 第 390 页。

13 "García Márquez posmoderno: el relativismo de la verdad", *Ínsula*, 723 (March 2007), 12-15 (p. 12). Special number entitled "Ciento cuarenta años de soledad y ochenta de vida".

14 见阿诺尔·M. 佩努埃尔(Arnold M. Penuel),《〈纯真的埃伦蒂拉与残忍的祖母〉中的殖民主义主题》("The Theme of Colonialism in *La*

increíble y triste historia de la cándida Eréndira y de su abuela desalmada"),《加西亚·马尔克斯的互文性》(*Intertextuality in García Márquez*)(York, SC, 1994),第88—106页。

15 埃伦娜·克莱门特利(Elena Clementelli)指出,孤独是连接两部小说的主题,见《加西亚·马尔克斯》(*García Márquez*)(Florence, 1975),第126页。

16 Esteban and Panichelli, *Gabo y Fidel*, pp. 98-99.

17 《智利、政变与外国佬》(*Chile, el Golpe y los Gringos*)(Bogotá, 1974),第11—34页。

18 马丁,《马尔克斯的一生》,第389页。

19 Esteban and Panichelli, *Gabo y Fidel*, p. 95.

20 转引自同上,第117页。

21 《家长的没落》英文版(*The Autumn of the Patriarch*, London, 1977),格利高里·拉巴萨译。本书所有引文出自该版本。

22 见 www.christies.com/LotFinder/lot_details.aspx? from = search results &intObjectID = 1524776&sid = ee49b30a-a86b-47eb-8bcf-0f8cfff705ea (accessed 29 December 2009)。

23 玛莎·L.坎菲尔德(Martha L. Canfield)分析了小说中的"粪便主题";*El "patriarca" de García Márquez: arquetipo literario del dictador hispanoamericano* (Florence, 1984), pp. 39—45。

24 有关《家长的没落》讽刺风格的精辟论述,见 Isabel Rodríguez-Vergara, *El mundo satírico de Gabriel García Márquez* (Madrid, 1991), pp. 21-75。

25 乔·拉班伊(Jo Labanyi)认为,小说"中间介入的叙事者很多,让人眼花缭乱,全都是不靠谱的";《家长的没落》("*El otoño del patriarca*"),载《加夫列尔·加西亚·马尔克斯》(Philadelphia, PA, 2007),哈罗德·布鲁姆编,第145—158页(第152页);关于各种不同声音如何相反相成，参见 Kalman Barsy, *La estructura dialéctica de "El otoño del patriarca"* (Río Piedras, 1989)。

26 见 www.christies.com/LotFinder/lot_details.aspx? from = search results&intObjectID = 1524776&sid = ee49b30a-a86b-47eb-8bcf-0f8cfff705ea (accessed 29 December 2009)。

27 马丁，《马尔克斯的一生》，第 391 页。

28 《卡洛塔行动》(Lima: Prensa Latina, 1977)，第 15 页。

29 马丁，《马尔克斯的一生》，第 393—394 页。

30 同上，第 396 页。

31 莫汉·拉马汉(Mohan Ramahan)，《格雷厄姆·格林的拉丁美洲》("Graham Greene's Latin America")，载《加西亚·马尔克斯与拉丁美洲》(*García Márquez and Latin America*, London, 1987)，阿洛克·巴拉(Alok Bhalla)编，第 116—128 页。

32 Esteban and Panichelli, *Gabo y Fidel*, pp. 174-175.

33 雷斯特雷波·桑切斯(Restrepo Sánchez), *Gabriel García Márquez y el cine*, 第 74—75 页。米格尔·利丁曾经说过，对无意识的表现是加西亚·马尔克斯文学作品的核心，但是放到银幕上效果欠佳(雷斯特雷波·桑切斯，第 77 页)。利丁还进一步认为，有两个加博，一个是"很难定位"的文学家，另一个是热爱新现实主义电影的影迷(雷斯特雷波·桑切斯，第 76 页)。

34 克罗蒂亚·德瑞福斯(Claudia Dreyfus)，《花花公子访谈：加夫列尔·加西亚·马尔克斯》("Playboy Interview: Gabriel García Márquez")，《花花公子》(*Playboy*)，30.2(1983 年 2 月)，第 65—77 页、第 172—178 页(第 73 页)。

35 转引自约翰·本森(John Benson), "*Cronica de una muerte anunciada*", *Latin American Literary Review*, 11 (1982), 63-67 (p.

64)。

36 同上,第 64 页。

37 加夫列尔・加西亚・马尔克斯,《活着为了讲述生活》英文版(London, 2003),伊迪丝・格罗斯曼译,第 382—383 页。

38 Julio Roca and Camilo Calderón, "García Márquez lo vio morir", *Al Día*, no. 1 (1981 年 4 月 28 日), 52-60, 108-9。Julio Roca, "Sí, la devolví la noche de bodas", *Al Día*, no. 3 (1981 年 5 月 12 日), 24-27。

39 《活着为了讲述生活》,第 383 页。

40 见唐纳德・肖(Donald Shaw),《〈一桩事先张扬的凶杀案〉:叙述功能与阐释》("*Chronicle of a Death Foretold*: Narrative Function and Interpretation"),载《加夫列尔・加西亚・马尔克斯批评视角》(*Critical Perspectives on Gabriel García Márquez*) (Lincoln, NE, 1986),布拉德里・A. 肖(Bradley A. Shaw),诺拉・维拉—戈德温(Nora Vera-Godwin)编,第 91—104 页。

41 在出自 *España, aparta de mí este cáliz* 的诗歌《战役之三》中,巴列霍放大处理共和党军人之死,彰显其深远影响,提到佩德罗・罗哈斯之死不但是"一个男人之死",而且,对他的孩子是"父亲之死",对妻子是"丈夫之死",对他的工友是"铁路工人之死"。如此这般,说明他的死,在他生活圈子里产生了各种不同的反响,并不仅仅是"一个人"的死亡。参见史蒂芬・哈特编,《塞萨尔・巴列霍诗歌选集》(*César Vallejo: Selected Poems*, London, 2000),第 84—86 页。

42 阿米丽亚・S. 辛普森(Amelia S. Simpson),《拉丁美洲侦探小说》(*Detective Fiction from Latin America*) (Toronto, 1990),第 167—175 页。

43 《活着为了讲述生活》,第 283 页。

44 《一桩事先张扬的凶杀案》英文版(London, 1983),格利高里・拉巴萨译,第 99 页。

45 埃利西奥·加西亚·马尔克斯,Eligio García Márquez, *La tercera muerte de Santago Nasar* (Mexico City, 1989), pp. 40–41。

46 Josefa Salmon, "El poder de la anunciación en *Cien años de soledad* y *Crónica de una muerte anunciada*", *Discurso Literario: Revista de Temas Hispánicos*, 1 (1983), 67–77.

47 剧本后来改名为 *El asalto: El operativo que el FSLN se lanzó al mundo. Un relato cinematográfico* (Managua, 1982)。

48 Esteban and Panichelli, *Gabo y Fidel*, pp. 167–68.

49 亚瑟·伦德奎斯特是诺贝尔奖评选委员会 18 成员之一,是委员会里西班牙语和拉丁美洲文学专家,他在一次采访里指出,加西亚·马尔克斯获得诺贝尔奖,主要是因为《百年孤独》,虽然这部小说是 15 年前出版的;参见埃利西奥·加西亚·马尔克斯"Entrevista a Arthur Lundkvist", in *La soledad de América Latina*, pp. 49–58 (p. 56)。

50 2008 年 12 月 8 日伦敦城市大学讲座。"*pavoso*"定义参见 Margret S. de Oliveira Castro, *La lengua ladina de García Márquez* (Bogotá, 2007), p. 279。

51 "La soledad del Nobel", in *La soledad de América Latina*, pp. 31–48 (p. 35).

52 见 Esteban and Panichelli, *Gabo y Fidel*, p. 196。

53 同上,第 199 页。

54 阿普莱约·门多萨,2008 年 12 月 8 日伦敦城市大学讲座。

55 在 YouTube 上可以看到颁奖仪式的视频,链接 http://uk.youtube.com/watch? v=gfiyyesvae8&feature=related。

56 Esteban and Panichelli, *Gabo y Fidel*, p. 199.

57 同前,第 209 页。

58 西尔维亚·加尔维斯,《加西亚·马尔克斯家族》(Medellín, 2007),

第四版，第 18 页。

59 《拉丁美洲的孤独：1982 年诺贝尔奖领奖致辞》英文版（"The Solitude of Latin America: Nobel address 1982"），理查德·卡德威尔（Richard Cardwell）译，载《加夫列尔·加西亚·马尔克斯：新读本》（*Gabriel García Márquez: New Readings*）（Cambridge, 1987），伯纳德·麦吉尔克（Bernard McGuirk），理查德·卡德威尔编，第 207—211 页（第 208 页）。

60 加夫列尔·加西亚·马尔克斯，《拉丁美洲的孤独：1982 年诺贝尔奖领奖致辞》原文版（"La soledad de América Latina: Conferencia Nobel 1982"），载 *La soledad de América Latina: brindis por la poesía* （Cali, 1983）, pp. 3-12 （p. 3）。

第六章 "他是个大臣，但不知道是哪个国家的"

1 "他是个大臣，但不知道是哪个国家的。"这是菲德尔·卡斯特罗提到加西亚·马尔克斯时说过的。见西尔维亚·加尔维斯，《加西亚·马尔克斯家族》（Medellín, 2007），第四版，第 53 页。

2 伊莎贝尔·阿连德（Isabel Allende），《幽灵之家》（*La casa de los espíritus*）（Barcelona, 1982）；英文版 *The House of the Spirits*（New York, 1985），马戈达·鲍丹（Magda Bodin）译。劳拉·埃斯基维尔（Laura Esquivel），《恰似水之于巧克力》（*Como agua para chocolate*）（Mexico City, 1989）；英文版 *Like Water for Chocolate*（New York, 1993），卡罗·克里斯坦森（Carol Christensen），托马斯·克里斯坦森（Thomas Christensen）译；根据该书改编的电影由阿方索·阿雷奥导演，参见史蒂芬·哈特，《拉丁美洲电影指南》（*Companion to Latin American Film*）（London, 2004），第 171—178 页。路易斯·塞浦尔维达

(Luis Sepúlveda),《读爱情小说的老人》(*Un viejo que leía novelas de amor*) (Barcelona, 1993); 英文版 *The Old Man who Read Love Stories* (London, 2002),彼得·布什(Peter Bush)译。有关伊莎贝尔·阿连德小说中魔幻现实元素的论述,见史蒂芬·哈特《伊莎贝尔·阿连德的〈幽灵之家〉》("*The House of the Spirits* by Isabel Allende"),载《剑桥拉丁美洲小说研究指南》(*The Cambridge Companion to the Latin American Novel*)(Cambridge, 2005),埃弗兰·克里斯塔尔(Efraín Kristal)编,第270—282页。

3 Elleke Boehmer,《殖民与后殖民文学:迁移的隐喻》(*Colonial and Post Colonial Literature: Migrant Metaphors*)(Oxford, 2005),第235页。

4 让-彼埃尔·杜瑞斯(Jean-Pierre Durix),《模仿、体裁与后殖民话语:解构魔幻现实主义》(*Mimesis, Genres and Post-Colonial Discourse: Deconstructing Magic Realism*)(London, 1998),第187页。

5 霍米·巴巴(Homi Bhabha),《引言》("Introduction"),《国家与叙述》(*Nation and Narration*) (London, 1995),第1—7页(第6—7页)。

6 马里奥·巴尔加斯·略萨,《加西亚·马尔克斯:弑神者的故事》(Barcelona, 1971), 第84页。

7 同上, 第83页。

8 英文版书名为 *The Fragrance of Guava: Conversations with Gabriel García Márquez*(London: Verso, 1983)。

9 作为拉丁美洲唯一健在的诺贝尔文学奖得主,加西亚·马尔克斯深切意识到维护声誉的必要性,这就是为什么他谨言慎语,试图严格控制媒体如何报道他说过的话,这也是他不愿意接受采访的原因。他也意识到,对他发表的任何作品,人们都会以他过去作品所达到的高度加以评判。有时,他会因为自己的名声感到"抑郁";采访多洛雷斯·卡尔维诺(Dolores Calviño),哈瓦那,2007年12月5日。

10 加尔维斯,《马尔克斯家族》,第 67 页。

11 加西亚·马尔克斯的弟弟海梅认为,与其说家里人从加博得到灵感,还不如说他的灵感来自家人:"(加博)从我们家庭氛围和大家说的话里,得到创作的营养,这是(他作品)最重要的源泉。"加尔维斯,《马尔克斯家族》,第 32 页。

12 马尔利斯·西蒙斯(Marlise Simons),《他生命中最美好的时光:采访加夫列尔·加西亚·马尔克斯》("The Best Years of His Life: An Interview with Gabriel García Márquez"),《纽约时报书评》(*New York Times Book Review*)(1988 年 4 月 10 日),第 22—24 页。

13 《霍乱时期的爱情》英文版(*Love in the Time of Cholera*)(London, 1991), 伊迪丝·格罗斯曼译,第 339—340 页。

14 加夫列尔·加西亚·马尔克斯,《活着为了讲述生活》(London, 2003),第 59 页。

15 "Yo soy racionalmente ateo, pero católico en el corazón", 载加尔维斯,《马尔克斯家族》,第 21—58 页。

16 见托马斯·法伊(Thomas Fahy),《加夫列尔·加西亚·马尔克斯的〈霍乱时期的爱情〉》(London, 2003),第 42—48 页。

17 有关小说中鹦鹉的角色,参见让·佛朗科(Jean Franco),《乌尔维诺医生的鹦鹉》("Dr Urbino's Parrot",Philadelphia, PA, 2005),载《加夫列尔·加西亚·马尔克斯的〈霍乱时期的爱情〉》,哈罗德·布鲁姆编,第 99—112 页。

18 加尔维斯,《马尔克斯家族》,第 44 页。

19 海梅回忆此事的原话是:"Llorones inservibles", 见加尔维斯,《马尔克斯家族》,第 56 页。

20 *Permiso para vivir* (*Antimemerias*, Barcelona, 1998), p. 450.

21 2009 年 7 月 15 日,在哈瓦那新贝达多与胡里奥·加西亚·埃斯皮诺萨(Julio García Espinosa)的谈话。

22 有关菲德尔·卡斯特罗用餐时最喜欢的饮食,参见曼努埃尔·巴斯克斯·蒙塔尔万(Manuel Vázquez Montalbán), *Y Dios entró en La Habana* (Madrid, 1998), p. 254。"马孔多风味龙虾"的食谱,参见 *Rey langosta: creaciones del maestro Gilberto Smith* (Havana, 2000), pp. 18–19。

23 霍利·埃列特(Holly Aylett)负责安排并在哥伦比亚拍摄采访,同时也是这部加西亚·马尔克斯纪录片的导演;见 2007 年 10 月 30 日在伦敦大学学院"动感形象艺术节"上的发言。

24 见加西亚·马尔克斯,*Cómo se cuenta un cuento: taller de guión de Gabriel García Márquez* (San Antonio de los Baños, 1996)。感谢弗拉德米尔·史密斯让我借阅此书。另外还有根据这次研讨会制作的光碟,*García Márquez, Cómo se cuenta un cuento*,由路易斯·加夫列尔·冈萨雷斯·N.(Luis Gabriel González N.)朗读(Bogotá, 2004)。

25 参见 44 *Festival Internacional de Cine y TV de Cartagena* 2004. 27 *de Febrero al* 5 *de marzo* (*Cartagena*, 2004)。

26 《达摩克利斯的灾变》(*El cataclismo de Damocles*, Bogotá, 1986),第 13 页。

27 《米格尔·利丁历险记:智利秘密行动》(*La aventura de Miguel Littín clandestino en Chile: un reportaje de Gabriel García Márquez*)(Buenos Aires, 1986),第 28 页。

28 雷斯特雷波·桑切斯, *Gabriel García Márquez y el cine* (Barranquilla, 2001), p. 79。

29 Angel Esteban and Stephanie Panichelli, *Gabo y Fidel: el paisaje de una amistad* (Bogotá, 2004), p. 101.

30 阿尔弗雷多·布莱斯·埃切尼克(Alfredo Bryce Echenique), *Permiso*

para vivir (*Antimemorias*) (Barcelona, 1998), p. 428；笔者译。

31 根据《迷宫中的将军》英文版(*The General in his Labyrinth*)(New York, 2004),伊迪丝 · 格罗斯曼译,第 10 页,笔者对英译文有所修改。西班牙语原文如下:"'Sábado ocho de mayo del año de treinta, día en que los ingleses flecharon a Juana de Arco,' anunció el mayordomo. 'Está lloviendo desde las tres de la madrugada.' 'Desde las tres de la madrugada del siglo diecisiete', dijo el general con la voz todavía perturbada por el aliento acre del insomnio."《迷宫中的将军》原文版(*El general en su laberinto*)(Barcelona, 1998), 第 5 版,第 10 页。此处第一句话,英文版译文如下:"Saturday, May 8, 1830, the Day of the Blessed Virgin, Mediatrix of all Grace"(第 10 页)。此处译文并不准确,没有反映出英国人是如何对待圣女贞德的,因此也漏掉了小说关键的主题之一:玻利瓦尔对欧洲的强烈兴趣,其中包括英格兰。这种兴趣也可以解释玻利瓦尔对英国外交官说的一句有些突兀的话:"我希望今年秋天,海德公园的雾不会那么浓。"(《迷宫里的将军》英文版,第 34 页;笔者修改了译文)

32 史蒂芬 · M.哈特,《血、墨与普罗蒂斯:以普罗蒂斯类比西蒙 · 玻利瓦尔》("Blood, Ink and Proteus: Simón Bolívar as Proteus"),载《西班牙研究会刊》(*Bulletin of Spanish Studies*), lxxxii/3 - 4 (2005),第 335—352页(第 346 页)。

33 对比胡塞 · 吉尔 · 德 · 卡斯特罗(José Gil de Castro)的《西蒙 · 玻利瓦尔在利马》(*Portrait of Simón Bolívar in Lima*, 1852)和杜波依斯(Dubois) 的《这是你们的解放者》(*Here is Your Liberator*;19 世纪,具体时间不详);参见《现代拉丁美洲艺术:1820—1980》(*Art in Latin America: The Modern Era*, 1820 - 1980, London, 1989),多恩 · 埃蒂斯(Dawn Ades)编,第 20 页、第 17 页。另见史蒂芬 · M.哈特的评论,

《血、墨与普罗蒂斯》,第 341—347 页。

34 《活着为了讲述生活》,第 183—184 页。

35 Pablo Carrascosa Miguel 指出动物形象在小说中的作用;"*El general en su laberinto*": *G. García Márquez* (Barcelona, 1989), p. 72。

36 《迷宫中的将军》英文版,第 163 页;西班牙语原文是"soy un desterrado",见《迷宫中的将军》原文版,第 190 页。

37 正如托马斯·E. 斯基德摩尔(Thomas E. Skidmore),彼得·H.史密斯(Peter H. Smith)所指出:"当时那里发生了什么,从来没人知道",《现代拉丁美洲》(*Modern Latin America*,Oxford, 1992), 第 34 页。

38 见胡塞·马利亚·埃斯皮诺萨(José María Espinosa),《玻利瓦尔:解放者的画像》(*Bolívar*: *Portrait of the Liberator*)(London, 1984),载《现代拉丁美洲艺术》,第 18 页。

39 同上,第 21 页。

40 克里斯廷·图梅(Christine Toomey),《不贞的卡斯特罗的生活与情人》("The life and loves of inFidelity Castro"),《星期日泰晤士报杂志》(*Sunday Times Magazine*, 2008 年 12 月 28 日), 第 13—17 页(第 15 页)。

41 Michiko Kakuti,《时代书籍:英雄散文背后的人性》("Books of the Times, The Human Behind the Heroic Prose"),《纽约时报》(1990 年 9 月 11 日),艺术版。

42 "Prólogo: porqué doce, porqué cuentos y porqué peregrinos",《十二篇异国旅行的故事》(Bogotá, 1992), 第 13—14 页(第 13 页)。

43 《圣女》,《十二篇异国旅行的故事》, 第 57—73 页(第 69 页)。

44 Olga Sigüenza Ponce 认为,整部短篇小说集的重要主题是死亡、孤独、缺乏沟通、爱情;见"Elementos estilísticos en *Doce cuentos peregrinos*", in Jesús Humberto Florencia Zaldívar, Luis Quintana Tejera, and Olga

Sigüenza Ponce, *Tres perspectivas de análisis en el marco de la obra de Gabriel García Márquez* (Mexico City, 2002), pp. 101-165 (p. 162)。

45 杰拉德·马丁,《马尔克斯的一生》(London, 2008),第 213—214 页。

第七章 “第三位教皇”

1 达格玛·波洛兹(Dagmar Ploetz), *Gabriel García Márquez* (Madrid, 2004), pp. 158-61。

2 《爱情和其他魔鬼》英文版(*Of Love and Other Demons*, London, 1996),伊迪丝·格罗斯曼译;所有引文出自该版本。

3 《落向入座男子的爱之恶语》(Bogotá, 1994),第 10 页。

4 曼努埃尔·巴斯克斯·蒙塔尔万, *Y Dios entró en La Habana* (Madrid, 1998), pp. 51-52。

5 所有引文出自《绑架新闻》原文版(Barcelona, 2007),笔者译。

6 弗莱·贝托(Frei Betto), *Fidel Castro y la religión: conversaciones con Frei Betto* (Mexico City, 1986)。

7 巴斯克斯·蒙塔尔万, *Y Dios entró en La Habana*, p. 560。

8 同上,第 567 页。

9 Angel Esteban and Stephanie Panichelli, *Gabo y Fidel: el paisaje de una amistad* (Bogotá, 2004), p. 217.

10 同上,第 219 页。

11 布莱斯·埃切尼克,*Permiso para vivir*, 第 440 页; 笔者译。加博曾经告诉记者:“古巴是唯一能让我回归自我的地方”; 参见 Bernard Marqués, “García Márquez, pasado y presente de una obra”, *Alternativa*, 93 (1978 年 8 月 9 日至 16 日), pp. 6-7 (p. 7)。

12 巴斯克斯·蒙塔尔万, *Y Dios entró en La Habana*, p. 560。

13 乔恩·李·安德森, "El poder de Gabo", *Semana*, no. 909 (1999 年 10 月 4 日至 11 日), 46-66 (p. 49)。

14 同上,第 49 页。

15 拉里·罗赫特(Larry Rohter),《波哥大纪事:加西亚·马尔克斯拥抱旧爱(新闻!)》("Bogotá Journals: García Márquez Embraces Old Love [That's News!]),《纽约时报》(1999 年 1 月 27 日)。

16 转引自同上。

17 转引自同上。

18 转引自同上。

19 见 http://dewereldstaatstil.web-log.nl/mijn_weblog/2008/12/ farewell-letter.html (accessed 1 February 2009)。

20 同上。

21 Raúl Trejo Delarbe, "Ciberperiodismo, nuevo periodismo, viejos dilemas", www.portalcomunicacion.com/both/aab/ent/trejo/pc_trejo_ciberperiodismo.pdf (accessed 28 January 2009).

22 "Prólogo", in *Mañana será demasiado tarde* (Tafalla, 2000), pp. 7-20 (p. 11).

23 Esteban and Panichelli, *Gabo y Fidel*, p. 295.

24 见 www.cuba-junky.com/cuba/article-elian.html (accessed 20 March 2009)。

25 Esteban and Panichelli, *Gabo y Fidel*, pp. 306-309.

26 《迈阿密先驱报》(*Miami Herald*),2000 年 6 月 29 日;据 www.cubanet.org/CNews/ y00/jun00/29e11.htm (accessed 20 March 2009)。

27 食谱如下:"两只龙虾,根据口味加胡椒盐,4—5 瓣蒜,4 个柠檬榨汁,240 ml(1 汤匙)菜油,1 缕香菜,1 个中等白洋葱,2 个绿灯笼椒,1/4 茶匙红辣椒粉,240 克(1 量杯)煮软的米饭,100 克(3.5 盎司)牛油,60

ml(1/4 量杯)朗姆酒,60 ml(1/4 量杯)白葡萄酒,根据口味加少许塔巴斯科辣酱、嗆汁,200 克(7 盎司)帕尔玛奶酪碎(可忽略)。洗净龙虾,沿体长切成两半。用胡椒盐、压碎的蒜、柠檬汁腌制,加少量菜油,避免腌汁里的酸性作用。用少量菜油、蒜、香菜、洋葱、灯笼椒做配菜,所有作料精工切细,加一点红辣椒粉调味。一半配菜与米饭混合。将龙虾肉切成小块,放入等量黄油和菜油,慢火煎至虾肉封口。调大火,加入朗姆酒让锅里起火,加白酒压灭火焰。在龙虾里加入剩下的配菜,彻底混合。根据口味加红辣椒粉、少许加塔巴斯科辣酱和嗆汁。用米饭盖住龙虾头,用煎好的龙虾配菜混合填塞龙虾尾。如果喜欢的话,可以撒上帕尔玛奶酪碎,裹面包屑烤制。趁热上菜";见 *Rey langosta: creaciones del Maestro Gilberto Smith* (Havana, 2000),第 17 页。我曾于 2006 年 7 月造访希尔维托·史密斯大厨师,他为我做了极其可口的马孔多风味龙虾。希尔维托·史密斯为菲德尔·卡斯特罗当了多年私人厨师,他说卡斯特罗跟加博在一起时,总是非常放松。

28 采访胡里奥·加西亚·埃斯皮诺萨,2007 年 12 月,古巴哈瓦那。

29 Conrado Zuluaga, *García Márquez: el vicio incurable de contar* (Bogotá, 2006), p. 125.

30 里卡多·巴达(Ricardo Bada), "La ficción de la ficción", *Cuadernos Hispanoamericanos*, 633 (March 2003), 122-126; 埃弗兰·克里斯塔尔,《加夫列尔·加西亚·马尔克〈活着为了讲述生活〉中金色年华的教训》("Lessons from the Golden Age in Gabriel García Márquez's *Living to Tell the Tale*"),载史蒂芬·M.哈特,欧阳文琴(音译)编《魔幻现实主义研究指南》,第 88—97 页。

31 加夫列尔·加西亚·马尔克斯,《活着为了讲述生活》英文版(London, 2003),伊迪丝·格罗斯曼译,第 23 页。

32 同上,第 16 页。

33 同上,第 63 页。

34 见本书第四章关于创造性错误记忆在现实与虚构之间充当媒介,使两者相互影响的论述。

35 "La nota dominical que he escrito sin desmayos durante más de medio siglo";《追忆我忧伤的婊子们》(Barcelona, 2004), p. 12。笔者译。

36 劳伦 · 韦纳(Lauren Weiner),《爱上雏妓》("In Love With a Child Prostitute"),《华尔街日报》(2005 年 10 月 29 日),书籍版;阿尔维托 · 曼古埃尔(Alberto Manguel),《悲哀的恋情》("A sad affair"),《卫报》(2005 年 11 月 12 日),书籍版;安德鲁 · 霍尔盖特(Andrew Holgate),《爱情救赎的力量》("Love's Redemptive Powers"),《泰晤士报》(2005 年 10 月 23 日),书籍版。

37 亚当 · 费恩斯坦(Adam Feinstein),《睡梦中的女裁缝》("Sleeping Seamstress"),《泰晤士文学副刊》NO. 5306(2004 年 12 月 10 日),第 23 页。

38 英国广播公司新闻,2007 年 11 月 16 日;http://news.bbc.co.uk/2/hi/americas/7098233.stm (date accessed 30 December 2009)。

39 《魔幻现实主义诞生地在纳闷:名字很重要吗》("Birthplace of 'Magic Realism' Wonders What's in a Name"),《纽约时报》(2006 年 6 月 26 日),美洲版。

40 西蒙 · 罗梅罗(Simon Romero),《香蕉热之后镇上最大的事件》("The Town's Biggest Event Since the Banana Fever Ended"),《纽约时报》(2007 年 3 月 7 日),世界新闻版。

41 同上。

42 乔舒亚 · 古德曼(Joshua Goodman),《80 岁生日这天,哥伦比亚发誓重建加西亚 · 马尔克斯故居》("On 80th birthday, Colombia vows to rebuild García Márquez's home"),《先驱论坛报》(*Herald Tribune*)(2007

年 3 月 6 日),美洲版。

43 胡安·福雷罗(Juan Forero),《加西亚·马尔克斯魔幻的归家之旅》(“For García Márquez, a Magical Homecoming”),《华盛顿邮报》(2007 年 6 月 2 日),第 A01 版。

44 《哥伦比亚作家加西亚·马尔克斯回家受到盛宴招待》(“Colombian writer García Márquez feted in homecoming”), 见 www.reuters.com/article/idusn3146707120070531。

45 鲁维埃拉·雷耶斯,接受笔者采访,阿拉卡塔卡,2009 年 2 月 26 日。

46 同上。

47 见 http://uk.youtube.com/watch? v=yv7T7XQBE。

48 多洛雷斯·卡尔维诺访谈,哈瓦那,2007 年 12 月 3 日。

49 佚名,《哥伦比亚著名作家加西亚·马尔克斯新闻界聚会被围观》(“Famed Colombian writer García Márquez mobbed at press gathering”),见 www.cbc.ca/arts/books/story/2007/03/20/ marquez-columbia-mob.html (accessed 28 January 2009)。

50 乔恩·李·安德森,“El poder de Gabo”, *Semana* (1999 年 10 月 4 日至 11 日), 46—66 (p. 46)。根据原来发表在 1999 年 9 月 27 日《纽约时报》的文章《加夫列尔·加西亚·马尔克斯的能量》(“The Power of Gabriel García Márquez”) 翻译; 见 www.themodernword.com/gabo/gabo_power.html。现在他在哥伦比亚的司机是拉斐尔。

51 佚名,《哥伦比亚著名作家加西亚·马尔克斯新闻界聚会被围观》。

52 杰拉德·马丁,《马尔克斯的一生》(London, 2008),第 564 页。

53 弗朗克·巴哈克(Frank Bajak),《哥伦比亚以加西亚·马尔克斯为荣》(“Colombia honors García Márquez”), 见 www.cartagenainfo.net/english/garcia-marquez.html (accessed 28 January 2009)。

54 巴哈克,《哥伦比亚以加西亚·马尔克斯为荣》。

55 马丁,《马尔克斯的一生》,第565—556页。

56 巴哈克,《哥伦比亚以加西亚·马尔克斯为荣》。

57 弗朗克·巴哈克,《加西亚·马尔克斯80岁:作家生日的赞辞》("80 Years of García Márquez: tributes mark writer's birthday"),《卫报》(2007年3月28日),国际版,第26页。有关《百年孤独》出版四十周年豪华纪念版的信息,见 Juan Cruz, "Días de alboroto caribeño", *El País* (2007年3月27日), 45—46。

58 虽然礼宾别墅是菲德尔·卡斯特罗送给他的礼物,加西亚·马尔克斯还是谨慎行事,找到了革命之前这座别墅的主人,从那位已经定居美国的人手中将别墅买下。

59 多洛雷斯·卡尔维诺的电子邮件,2009年2月10日。

60 胡安·巴勃罗·布斯塔曼特(Juan Pablo Bustamante), "*El amor en los tiempos del cólera* se filmó en Macondo", *Cine Cubano*, 165 (2007年7月至9月), 69—75 (p. 73)。

61 皮特·布拉德肖(Peter Bradshaw),《霍乱时期的爱情》,《卫报》(2008年3月21日),特写版,第8页。

62 贾尔斯·特雷姆利特(Giles Tremlett),《魔幻与现实:朋友说加西亚·马尔克斯在写新小说》("Magical and real: García Márquez is writing new novel, says friend"),《卫报》(2008年12月10日),国际版,第23页。见 www.guardian.co.uk/books/2008/dec/10/gabriel-garcia-marquez-new-novel (accessed 15 January 2009)。

63 保罗·汉密罗斯(Paul Hamilos),《文学巨人加夫列尔·加西亚·马尔克斯封笔》("Gabriel García Márquez, literary giant, lays down his pen"),《卫报》(2009年4月2日),国际版,第20页。见 www.guardian.co.uk/books/2009/apr/02/columbia-gabriel-garcia-marquez-books (accessed 9 April 2009)。

64　伊丽莎白·纳什(Elizabeth Nash),《愤怒的加西亚·马尔克斯否认他将封笔的传闻》("Furious Garcia Marquez denies he will never write again"),《独立报》(2009 年 4 月 8 日),见 www.independent.co.uk/news/world/europe/furious-garcia-marquez-denies-he-will-never-write-again-1665373.html (accessed 9 April 2009)。

65　同上。乔恩·李·安德森描写加西亚·马尔克斯在 90 年代的日常生活:加博通常早上 5 点钟起床,看书到 7 点,穿好衣服,看报纸、回复电子邮件到 10 点,然后——不管发生什么——从 10 点到下午 2 点 30 分,是他写作的时间;"El poder de Gabo", *Semana*, no. 909 (1999 年 10 月 4 日至 10 日), 46–66 (p. 48)。

66　见 http://globedia.com/pronto-comenzara-rodaje-noticia-pelicula。

参考书目

Works by Gabriel García Márquez

García Márquez, Gabriel, *Vivir para contarla* (Barcelona, 2002), *Living to Tell the Tale*, trans. Edith Grossman (London, 2003)

——, *Innocent Eréndira and other stories*, trans. Gregory Rabassa (London, 1981)

——, *Gabriel García Márquez: cuentos* 1947–1992 (Bogotá, 1999)

——, *Crónicas y reportajes* (Bogotá, 1976)

——, *Relato de un náufrago que estuvo diez días a la deriva en una balsa sin comer ni beber, que fue proclamado héroe de la patria, besado por las reinas de la belleza y hecho rico por la publicidad, y luego aborrecido por el gobierno y olvidado para siempre* (Barcelona, 1970), 3rd edition

——, *Leaf Storm*, trans. Gregory Rabassa (London, 1979)

——, *Cuando era feliz e indocumentado* (Caracas, 1973)

——, *De viaje por los países socialistas* (Bogotá, 1978)

——, *La mala hora* (Barcelona, 1974)

——, *Los funerales de la Mamá Grande* (Buenos Aires, 1977)

——, *One Hundred Years of Solitude*, trans. Gregory Rabassa (London, 1978)

——, *La soledad de América Latina: brindis por la poesía* (Cali, 1983)

——, *Operación Carlota* (Lima, 1977)

——, *Memorias de mis putas tristes* (Barcelona, 2004)

——, *Noticias de un secuestro* (Barcelona, 2007)

——, *Of Love and Other Demons*, trans. Edith Grossman (London, 1996)

——, *Diatriba de amor contra un hombre sentado* (Bogotá, 1994)

——, *Doce cuentos peregrinos* (Bogotá, 1992)

——, *The General in his Labyrinth*, trans. Edith Grossman (New York, 2004)

——, *El general en su laberinto*, 5th edition (Barcelona, 1998)

——, *El cataclismo de Damocles* (Bogotá, 1986)

——, *La aventura de Miguel Littín clandestino en Chile: un reportaje de Gabriel García Márquez* (Buenos Aires, 1986)

——, *Cómo se cuenta un cuento: taller de guión de Gabriel García Márquez* (San Antonio de los Baños, 1996)

——, *Love in the Time of Cholera*, trans. Edith Grossman (London, 1991)

——, *El asalto: El operativo que el FSLN se lanzó al mundo. Un relato cinematográfico* (Managua, 1982)

——, *Chile, el Golpe y los Gringos* (Bogotá, 1974)

——, *The Autumn of the Patriarch*, trans. Gregory Rabassa (London, 1977)

——, *Chronicle of a Death Foretold*, trans. Gregory Rabassa (London, 1983)

——, *Cien años de soledad* (Barcelona, 1980)

Journalism

Gilard, Jacques, ed., *Gabriel García Márquez: textos costeños: obra periodística vol.I* (Madrid, 1981)

——ed., *Gabriel García Márquez: Obra periodística III: Entre cachacos* (Bogotá, 1983)

Interviews

Anderson, Jon Lee, 'El poder de Gabo', *Semana*, no. 909 (4–11October 1999), 46–66

Apuleyo Mendoza, Plinio, *The Fragrance of Guava: Conversations with Gabriel García Márquez* (London, 1983)

Dreyfus, Claudia, 'Playboy Interview: Gabriel García Márquez', *Playboy*, xxx/2 (February 1983), 65–77, 172–178

Harss, Luis, *Into the Mainstream: Conversations with Latin American Writers* (New York, 1967)

Simons, Marlise, 'The Best Years of His Life: An Interview with Gabriel García Márquez', *New York Times Book Review* (10 April 1988), 22–24

Reviews

Bada, Ricardo, 'La ficción de la ficción', *Cuadernos Hispanoamericanos*, 633 (March 2003), pp. 122–126

Boyle, T. C., 'Book of a Lifetime: *One Hundred Years of Solitude*', *Independent* (20 March 2009), p. 33

Bradshaw, Peter, 'Love in the Time of Cholera', *Guardian* (21 March 2008), Features section, p.8

Feinstein, Adam, 'Sleeping Seamstress', *TLS*, no. 5306 (10 December 2004), p.23

Holgate, Andrew, 'Love's redemptive Powers', *The Times* (23 October 2005), Books section

Kakuti, Michiko, 'Books of the Times; The Human Behind the Heroic Pose', *New York Times* (11 September 1990), The Arts

Manguel, Alberto, 'A sad affair', *Guardian* (12 November 2005), Books.

Weiner, Lauren, 'In Love With a Child Prostitute', *Wall Street Journal* (29 October 2005), Books Section

Biographies

Esteban, Ángel, and Stephanie Panichelli, *Gabo y Fidel: el paisaje de una amistad* (Bogotá, 2004)

Galvis, Silvia, *Los García Márquez*, 4th edition (Medellín, 2007)

García Usta, Jorge, *Como aprendió a escribir García Márquez* (Medellín, 1995)

——, *García Márquez en Cartagena: sus inicios literarios* (Bogotá, 2007)

Martin, Gerald, *Gabriel García Márquez: A Life* (London, 2008)

Pelayo, Rubén, *Gabriel García Márquez: A Biography* (Santa Barbara, CA, 2008)

Saldívar, Dasso, *García Márquez: el viaje a la semilla: la biografía* (Madrid, 1997)

Starans, Ilan, *Gabriel García Márquez: The Early Years* (New York, 2010)

Vázquez Montalbán, Manuel, *Y Dios entró en La Habana* (Madrid, 1998)

Secondary Criticism

Acosta Torres, Cristóbal, *Macondo al desnudo: intimidades reales y ficticias en 'Cien años de soledad'* (Bucamaranga, 2005)

Anonymous, *'Cien años de soledad': análisis y estudio sobre la obra, el autor y su épica* (Madrid, 2003)

Arango, Gustavo, *Un ramo de nomeolvides: García Márquez en El Universal* (Cartagena, 1995)

Arnau, Carmen, *El mundo mítico de Gabriel García Márquez* (Barcelona, 1971)

Barroso, Juan, *'Realismo mágico' y 'lo real maravilloso' en 'El reino de este mundo' y 'El siglo de las luces'* (Miami, 1977)

Barsy, Kalman, *La estructura dialéctica de 'El otoño del patriarca'* (Río Piedras, 1989)

Bell, Michael, *Gabriel García Márquez: Solitude and Solidarity* (London, 1993)

Bell-Villada, Gene H. ed., *Gabriel García Márquez's 'One Hundred Years of Solitude': A Casebook* (Oxford, 2002)

Benedetti, Mario, et al., *9 asedios a García Márquez* (Santiago de Chile, 1969)

Benjamin, Walter, *Illuminations*, ed. Hannah Arendt, trans. Harry Zohn (London, 1992)

Benson, John, '*Cronica de una muerte anunciada*', *Latin American Literary Review*, 11 (1982), pp. 63-67

Betto, Frei, *Fidel Castro y la religión: conversaciones con Frei Betto* (Mexico City, 1986)

Bhalla, Alok, ed., *García Márquez and Latin America* (London, 1987)

Bloom, Harold, ed., *Gabriel García Márquez's 'One Hundred Years of Solitude'*

(Philadelphia, PA, 2003)

——, ed., *Gabriel García Márquez's 'Love in the Time of Cholera'* (Philadelphia, PA, 2005)

Box, Ben, *García Márquez: 'El coronel no tiene quien le escriba'* (London, 2000), 3rd edition

Bryce Echenique, Alfredo, *Permiso para vivir (Antimemorias)* (Barcelona, 1998)

Bucheli, Marcelo, 'The United Fruit Company in Colombia: Labour, Local Elite, and Multinational Enterprise, 1900–1970', PhD, Stanford University, 2002

Bustamante, Juan Pablo, '*El amor en los tiempos del cólera* se filmó en Macondo', *Cine Cubano*, 165 (July–September 2007), pp. 69–75

Canfield, Martha L., *El 'patriarca' de García Márquez: arquetipo literario del dictador hispanoamericano* (Florence, 1984)

Carrascosa Miguel, Pablo '*El general en su laberinto*': *G. García Márquez* (Barcelona, 1989)

Cartín de Guier, Estrella, *Una interpretación de 'Cien años de soledad'* (San José, 1981)

Catan, Thomas, 'The truth behind two giants of literature, one black eye and 30years of silence', *The Times* (13 March 2007), p. 33

Chiampi, Irlemar, *El realismo maravilloso: forma e ideología en la novella hispanoamericana* (Caracas, 1983)

Clementelli, Elena, *García Márquez* (Florence, 1975)

Cobo Borda, J.G., *Gabriel García Márquez: los cuentos de mi abuelo el coronel* (Cali, 1988)

——, *Para llegar a García Márquez* (Bogotá, 1997)

Córdoba A, Marco A., *Elementos de sindicalismo* (Bogotá, 1977), 3rd edition

Cortés Vargas, Carlos, *Los sucesos de las bananeras (Historia de los acontecimientos que se desarrollaron en la zona bananera de Departamento del Magdalena* –13 *de noviembre de* 1928 *al* 15 *de marzo de* 1929 (Bogotá,

1929)

Cristóbal, Juan, *García Márquez y los medios de comunicación* (Lima, 1999)

Dueñas Vargas, Guiomar, *Los hijos del pecado: legitimidad y vida familiar en la Santafe de Bogotá colonial*(Bogotá, 1997)

Durix, Jean-Pierre, *Mimesis, Genres and Post-Colonial Discourse: Deconstructing Magic* Realism (London, 1998)

Earle, Peter G. ed., *Gabriel García Márquez* (Madrid, 1981)

Eliécer Gaitán, Jorge, *La Masacre en las bananeras: documentos testimonios* (Bogotá, n.d.)

Fahy, Thomas, *Gabriel García Márquez's 'Love in the Time of Cholera'* (London, 2003)

Fernández-Braso, Miguel, *Gabriel García Márquez: una conversación infinita* (Madrid, 1969)

Fiddian, Robin, *García Márquez: Los funerales de la Mamá Grande* (London, 2006), Critical Guides to Spanish Texts, no. 70

Forero, Juan, 'For García Márquez, a Magical Homecoming', *Washington Post* (2 June 2007), A01

Fuentes, Carlos, *Gabriel García Márquez and the Invention of America* (Liverpool, 1987)

García Márquez, Eligio, *La tercera muerte de Santiago Nasar* (Mexico City, 1989)

——, *Tras las claves de Melquíades: historia de 'Cien años de soledad'* (Bogotá, 2001)

García Ramos, Juan-Manuel, *Cien años de soledad* (Madrid, 1989)

Giacoman, Helmy, F. (ed.), *Homenaje a G. García Márquez* (New York, 1972)

Goodman, Joshua, 'On 80th birthday, Colombia vows to rebuild García Márquez's home', *Herald Tribune* (6 March 2007), Americas section

Hahn, Hannelore, *The Influence of Franz Kafka on Three Novels by Gabriel García Márquez*(New York, 1993)

Halka, Chester S., *Melquíades, Alchemy and Narrative Theory: The Quest for*

Gold in 'Cien años de soledad' (Lathrup Village, MI, 1981)

Hamilos, Paul, 'Gabriel García Márquez, literary giant, lays down his pen', *Guardian* (2 April 2009), International section, p. 20

Hart, Stephen, 'Magical Realism in Gabriel García Márquez's *Cien años de soledad*', *Inti*, 16-17 (1982-1983), pp. 37-52

——, 'Magical Realism in the Americas: Politicised Ghosts in *One Hundred Years of Solitude*, *The House of the Spirits*, and *Beloved*', in *Journal of Iberian and Latin American Studies*, 9.2 (2003), pp. 115-23

——, *Companion to Latin American Film* (London, 2004)

——, and Kenneth Reeds, 'Guide to Further Reading', in *A Companion to Magical Realism*, ed. Stephen M. Hart and Wen-chin Ouyang (London, 2005), pp. 281-4

——, 'Blood, Ink and Proteus: Simón Bolívar as Proteus', in *Bulletin of Spanish Studies*, lxxxii/3-4 (2005), pp. 335-352

——, *A Companion to Latin American Literature* (London, 2007)

Hernández de López, Ana María ed., *En el punto de mira: Gabriel García Márquez* (Madrid, 1985)

Herrera Soto, Roberto and Rafael Romero Castañeda, *La zona bananera del Magdalena: historia y léxico* (Bogotá, 1979)

Joset, Jacques, *Gabriel García Márquez: coétano de la eternidad* (Amsterdam, 1984)

Kline, Carmenza, *Fiction and Reality in the Works of Gabriel García Márquez*, trans. Daniel Linder (Salamanca, 2002)

Kristal, Efraín, 'Lessons from the Golden Age in Gabriel García Márquez's *Living to Tell the Tale*', in *A Companion to Magical Realism*, ed. Stephen Hart and Wen-chin Ouyang (London, 2005), pp. 88-97

Labanyi, Jo, '*El otoño del patriarca*', in *Gabriel García Márquez*, ed. Harold Bloom (Philadelphia, PA, 2007), pp. 145-58

Mannarelli, Maria Emma, *Pecados públicos: la ilegitimidad en Lima, Siglo xvii* (Lima, 1994)

Marqués, Bernard, 'García Márquez , pasado y presente de una obra' ,*Alternativa*, 93, (9–16 August 1978), pp. 6–7

May, Stacy, and Galo Plaza,*La United Fruit Company en América Latina*(Mexico, 1959)

McGuirk, Bernard, and Richard Cardwell eds,*Gabriel García Márquez: New Readings*(Cambridge, 1987)

McMurray, George R.,*Gabriel García Márquez* (New York, 1977)

Miranda Salcedo, Dalin de Jesús,*Legitimad e ilegitimidad familar: el problema del control social en Barranquilla* 1880–1930 (Barranquilla, 2000), p. 97

Montaner, María Eulalia *Guía para la lectura de 'Cien años de soledad'* (Madrid, 1981)

Morillo Valdelamar, Elmer, 'García Márquez y el lenguaje fílmico: visión y escritura cinematográfica en *El coronel no tiene quien le escriba*', University of Cartagena, 2000, T. C863M857, 57pp

Moya, Rodrigo, 'La terrífica historia de un ojo morado' ,*La Jornada* (6 March 2007)

Müller-Bergh, Klaus, '*Relato de un náufrago*: Gabriel García Márquez's Tale of Shipwreck and Survival at Sea' ,*Books Abroad*, 47.3 (1973), pp. 460–66

Nash, Elisabeth, 'Furious Garcia Marquez denies he will never write again', *Independent* (8 April 2009)

Oliveira Castro, Margret S. de,*La lengua ladina de García Márquez* (Bogotá,2007)

Palencia-Roth, Michael,*Gabriel García Márquez: la línea, el círculo y las metamorfosis del mito*(Madrid, 1983)

Pelayo, Rubén,*Gabriel García Márquez: A Critical Companion* (Westport, CT, 2001)

Penuel, Arnold M.,*Intertextuality in García Márquez* (York, SC, 1994)

Ploetz, Dagmar,*Gabriel García Márquez* (Madrid, 2004)

Porrata, Francisco E., ed.,*Explicación de 'Cien anos de soledad'* (San José, 1976)

Rama, Angel, *García Márquez, edificación de un arte nacional y popular* (Montevideo, 1987)

——, and Mario Vargas Llosa, *García Márquez y la problemática de la novela* (Buenos Aires, 1973)

Roca, Julio, 'Sí, la devolví la noche de bodas', *Al Día*, no. 3 (12 May 1981), pp.24–7

——, and Camilo Calderón, 'García Márquez lo vio morir', *Al Día*, no. 1 (28 April 1981), pp. 52–60, 108–9

Rodríguez Jiménez, Osvaldo, 'Ortodoxia y heterodoxia en el campo literario nacional: el caso de García Márquez', MA thesis, University of Cartagena, 1998, 45pp. T. C863 R696.

Rodríguez Monegal, Emir, '*One Hundred Years of Solitude*: The Last Three Pages', *Books Abroad*, 47.3 (1973), 485–89

——, 'Realismo mágico versus literatura fantástica: un diálogo de sordos', in *Otros mundos, otros fuegos: fantasía y realismo mágico en Iberoamérica: memoria del xvi Congreso Internacional de Literatura Iberoamericana*, ed. Donald A. Yates (East Lansing, MI, 1975), pp. 25–37

Rodríguez-Vergara, Isabel, *El mundo satírico de Gabriel García Márquez* (Madrid, 1991)

Rohter, Larry, 'Bogotá Journals: García Márquez Embraces Old Love (That's News!), *New York Times* (27 January 1999)

Romero, Simon, 'The Town's Biggest Event Since the Banana Fever Ended', *New York Times* (7 March 2007), World News section

Salmon, Josefa, 'El poder de la anunciación en *Cien años de soledad* y *Crónica de una muerte anunciada*', *Discurso Literario: Revista de Temas Hispánicos*, 1(1983), pp. 67–77

Shaw, Donald, '*Chronicle of a Death Foretold*: Narrative Function and Interpretation', in Bradley A. Shaw and Nora Vera-Godwin (eds), *Critical Perspectives on Gabriel García Márquez* (Lincoln, 1986), pp. 91–104

Simpson, Amelia S., *Detective Fiction from Latin America* (Toronto, 1990)

Sims, Robert Louis, *The Evolution of Myth in Gabriel García Márquez: From 'La hojarasca' to 'Cien años de soledad'* (Miami, 1981)

——, *The First García Márquez: A Study of His Journalistic Writing From* 1948 *to* 1955 (Lanham, MA, 1992)

Skidmore, Thomas E. and Peter H. Smith, *Modern Latin America* (Oxford, 1992)

Sorela, Pedro, *El otro García Márquez: los años difíciles* (Madrid, 1988)

Swanson, Philip, *Cómo leer a Gabriel García Márquez* (Madrid, 1991)

Toomey, Christine, 'The life and loves of inFidelity Castro', *Sunday Times Magazine* (28 December 2008), pp. 13–17

Tremlett, Giles, 'Magical and real: García Márquez is writing new novel, says friend', *Guardian* (10 December 2008), International Section, p. 23

Vargas Llosa, Mario, *García Márquez: historia de un deicidio* (Barcelona, 1971)

——, 'A Morbid Prehistory (The Early Stories)', *Books Abroad*, xivii/3 (1973), pp. 451–60

White, Judith, *La United Fruit en Colombia: historia de una ignomina* (Bogotá, 1978)

Williams, Raymond Leslie, *A Companion to Gabriel García Márquez* (Woodbridge, 2010)

Zaldívar, Jesús Humberto Florencia, Luis Quintana Tejera, and Olga Sigüenza Ponce, *Tres perspectivas de análisis en el marco de la obra de Gabriel García Márquez* (Mexico City, 2002)

Zuluaga Osorio, Conrado, *Puerta abierta a Gabriel García Márquez: aproximación a la obra del Nobel colombiano* (Barcelona, 2001)

——, *García Márquez: el vicio incurable de contar* (Bogotá, 2006)

致　谢

感谢贾森·威尔逊,多年来我们共同探讨拉丁美洲文学的新进展;感谢胡里奥·加西亚·埃斯皮诺萨、费尔南多·比里和拉塞尔·波特与我分享他们对加博的独到见解;感谢多洛雷斯·卡尔维诺和阿尔奎米亚·培尼亚,为我安排了 2007 年 12 月与加西亚·马尔克斯在哈瓦那新拉美电影基金会的会面;感谢波哥大路易斯·安赫尔·阿朗戈图书馆精通业务的图书管理员,帮助我找到所需的档案;感谢鲁维埃拉·雷耶斯,2009 年 2 月 26 日,她带我参观阿拉卡塔卡故居、教堂和电报室,并作了权威的解说,令我大开眼界。英国社会科学院为我于 2009 年 2 至 3 月份赴哥伦比亚的学术考察提供资助,这次考察对本书的定稿至关重要,在此深表感激;伦敦大学学院院长研究基金为图像重印提供经费,在此一并致谢。最后,感谢 Reaktion Books 出版社维维安·康斯坦蒂诺普洛斯的宽容与耐心。

作者与出版社向下列提供图像来源与允许重印的机构和个人表示感谢:

波哥大路易斯·安赫尔·阿朗戈图书馆(第 43、45 页);Corbis公司:第 129 页(贝特曼 Bettmann),第 174 页(弗雷迪·拜耳斯 FredyBuiles / 路透社),第 178 页(塞萨尔 · 卡里翁 Cesar Carrion / 欧洲新闻图片社 EPA);胡里奥 · 加西亚 · 埃斯皮诺萨:第 141、143、181 页;新拉美电影基金会:第 38、86、108 页;盖蒂图片社(Getty Images):第 163 页;史蒂芬 · 哈特:第 10、90、180 页;阿拉卡塔卡加西亚 · 马尔克斯故居博物馆:第 6、8、9、23、37、67 页;Rex Features:第 69 页(CSU 档案馆 / Everett 图片库),第 114 页(Everett 图片库);Topfoto 图片馆:第 112、127 页。